KB232297

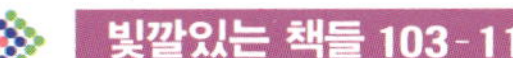

불화

글/홍윤식 ● 사진/홍윤식, 윤열수

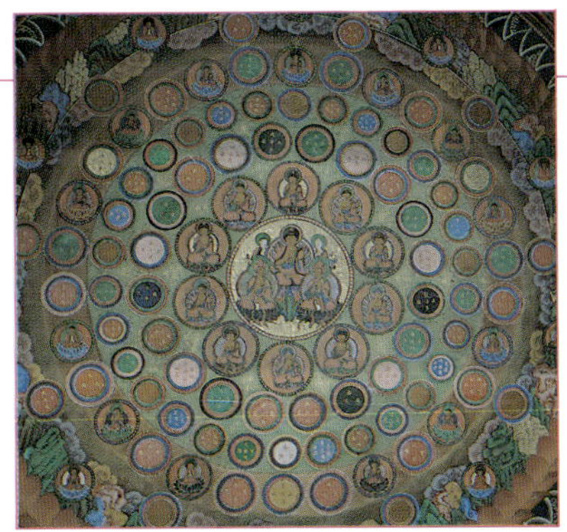

대원사

홍윤식 ——————————

일본 교토(京都) 불교대학 대학원, 동대학에서 문학박사 학위를 받았다. 원광대학교 국사교육과 교수, 동국대학교 박물관장을 역임하였으며 현재 문화부 문화재위원, 동국대학교 역사교육과 교수로 있다. 저서로는 「한국불교의례의 연구」(일문) 「고려불화의 연구」 「한국의 불교미술」 「영산재」 「만다라」 등 다수가 있다.

윤열수 ——————————

동국대학교 사학과 대학원을 졸업하였으며 현재 가천박물관 학예연구실장으로 재직하고 있다. 저서로 「한국의 호랑이」 「통도사의 불화」가 있다.

불화

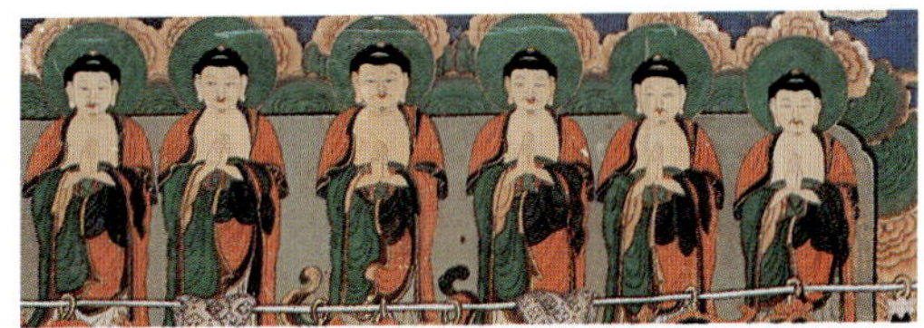

불화

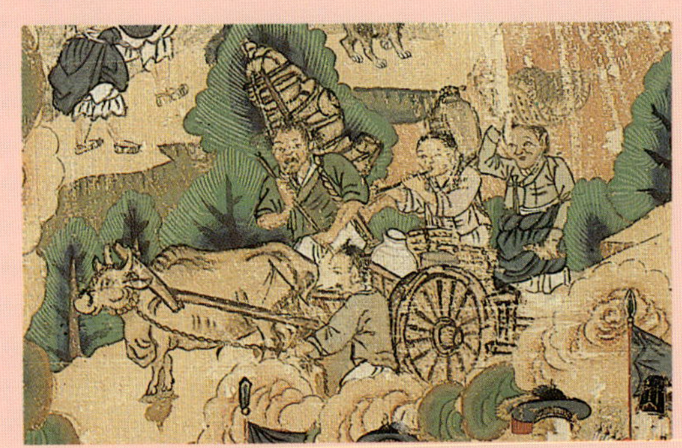

머리말

불화(佛畫)란 불교 신앙의 내용을 압축하여 그림으로 표현한 것으로서, 불탑(佛塔)이나 불상(佛像), 불경(佛經) 등과 함께 불교 신앙의 대상이 된다.

불화는 그 만들어진 형태에 따라 벽화(壁畫)나 탱화(幀畫), 경화(經畫) 등으로 분류할 수 있고, 그 가운데서도 종이, 비단 또는 베(布)에 불교 경전 내용을 그려 벽면에 걸도록 만들어진 탱화가 우리나라 불화의 주류를 이룬다. 따라서 한국 사원에 전해 오는 탱화는 한국 불교 신앙의 표상이며 그 탱화의 내용은 곧 신앙의 내용이자 신앙의 대상이 된다. 그러므로 탱화를 대상으로 일정한 의궤(儀軌; 의식의 형식 혹은 절차)에 따라 신앙 행위를 한다. 특히 탱화가 지니는 경전 내용의 표현은 불상, 불탑, 불경 등과는 다른 중요한 특성을 지니는 것이라 할 수 있다.

불교 신앙은 기본적으로 불교 경전에 의거하여 이루어지지만 단지 경전을 읽고 이해하는 데 그치는 것이 아니라, 정신적인 종교 체험을 중시하므로 이에 따른 신앙 행위가 나타남으로써 종교적 목적이 달성된다. 소의(所依;의거하는 곳)하는 경전에 따라 의궤를 달리하는, 불교의 경전은 그 내용이 다양하여 종파의 분화를 낳게 되었다.

이와 같은 종교 체험이라는 목적을 달성하는 데 필요한 의궤를 질서 정연하게 도상화(圖像化)한 것이 곧 탱화다. 따라서 탱화의 내용을 알기 위해서는 먼저 그 탱화의 소의 경전과 의궤의 내용을 알아야 한다. 그러나 이에 앞서서 한국 불교의 관심사와 특성을 이해하지 않으면 안 된다. 왜냐하면 여기서 한국 불화의 내용 파악이 가능하게 되기 때문이다.

한국 불교는 대승불교(大乘佛教)인 중국 불교를 모태로 발전되었고 그것이 다시 일본으로 전해졌다. 그러면서도 종파적 성격을 강하게 띠고 있는 중국이나 일본 불교와는 달리 여러 가지 문제들을 어떻게 포용(包容)하고 어떻게 하나로 회통(會通)하느냐 하는 데에 초점을 맞추고 있었다. 신라의 원효(元曉), 고려의 의천(義天), 지눌(知訥), 조선의 휴정(休靜) 등 역대 고승의 사상에서 볼 수 있듯이 다양한 사상을 하나로 융통(融通)하려는 특성을 지니고 있다.

이와 같은 성격은 각 사찰에 전해 오는 탱화 내용의 다양성에서도 찾아볼 수 있다. 곧 불교 신앙과 아울러 지니고 있는 토속 신앙(土俗信仰)의 요소는 얼핏 보기에 다신교적인 종교 또는 미신적인 불교로 보이기 쉬우나 좀더 접근하여 보면 거기에는 하나의 조화(調和)와 회통의 방법을 통한 질서와 체계를 찾을 수 있게 됨이 그것이다.

현재 전해 오는 한국의 전래 탱화는 비록 200년 내지 300년의 짧은 역사를 가진 것이 주류를 이루기는 하나 이들을 통한 한국 불교 신앙 내용의 파악은 충분히 가능할 것이다. 그리고 더 나아가서는 탱화를 통해 한국의 회화도 연구할 수 있을 것이다.

탱화의 유형과 구조

탱화의 유형

사찰에 전해 오는 탱화는 크게 불보살을 모신 상단(上壇)탱화와 신중을 모신 신중단(神衆壇) 곧 중단(中壇)탱화 그리고 중단의 각 신중이 분화되어 각기 독립적인 신앙 형태를 형성한 산신, 칠성 등의 불화와 고인들의 위패를 모신 영단(靈壇)인 하단(下壇)탱화로 분류할 수 있다.

상단탱화 상단탱화는 그 전각의 중앙에 봉안한 불상이나 보살상 뒷면에 거는 탱화다. 이들 탱화는 모신 전각에 따라, 대웅전(大雄殿) 후불(後佛)탱화, 화엄전(華嚴殿) 후불탱화, 극락전(極樂殿) 후불탱화, 약사전(藥師殿) 후불탱화, 용화전(龍華殿) 후불탱화, 영산전(靈山殿) 후불탱화, 관음전(觀音殿) 후불탱화로 구분한다.

중단탱화 그 전각의 주불을 모신 불단의 오른쪽이나 왼쪽의 벽면에 거는 탱화를 신중탱화 또는 중단탱화라고 하는데 이는 불법(佛法) 수호신도(守護神圖)이다.

하단탱화 법당 안의 불단 오른쪽 또는 왼쪽에 차려 놓은 영단에 걸거나, 따로 독립된 명부전(冥府殿) 주불인 지장보살상 뒤 또는 시왕상(十王像;염라대왕을 비롯한 10대왕) 뒤에 거는 탱화를 일컫는다.

이 밖에도 위 3단 탱화에서 분화된 응진전(應眞殿), 나한전(羅漢殿), 산신각(山神閣), 칠성각(七聖閣), 독성각(獨聖閣), 현왕단(現王壇), 조왕단(竈王壇) 등에 거는 탱화가 있으며, 대부분의 사찰이 이와 같은 법식에 따라 각 유형의 탱화를 구비하고 있다.

탱화의 구조

여러 가지 유형으로 구분되는 탱화지만 일정한 원리적인 체계를 갖추어 이룩된다. 이 원리는 유형별 탱화가 지니고 있는 신앙적 성격을 파악함으로써 그 체계를 알 수 있다.

불교는 원래 그 절대적인 경지에서 보면 형체도 형상도 없다고 한다. 그러나 부득이 이를 표현하고자 할 때에는 가상적(假相的)인 방법을 사용하였다. 따라서 보통, 불(佛)을 법신불(法身佛), 보신불(報身佛), 화신불(化身佛)의 삼신 체계(三身體系)로 이해하는데 화신불이란 법신불, 보신불의 표현이라고 보고, 석가를 가상의 불인 화신이라고 하는 것이다. 그리하여 궁극적으로는 법신불멸(法身不滅)의 설법을 남기게 되지만 이러한 설법은 다시 가상의 문자를 빌어 경전으로 성립되었을 뿐 아니라 회화(繪畫)로도 나타나게 되었다. 그런데 초기 불교의 대표적 불화는 인도의 아사세왕 때 만들어진 석가 팔상도(八相圖)라고 한다.

석가 팔상도란 석존의 일생을 여덟 장면으로 상징하여 표현한 그림이다. 그 내용은 다음과 같다.

19쪽 사진

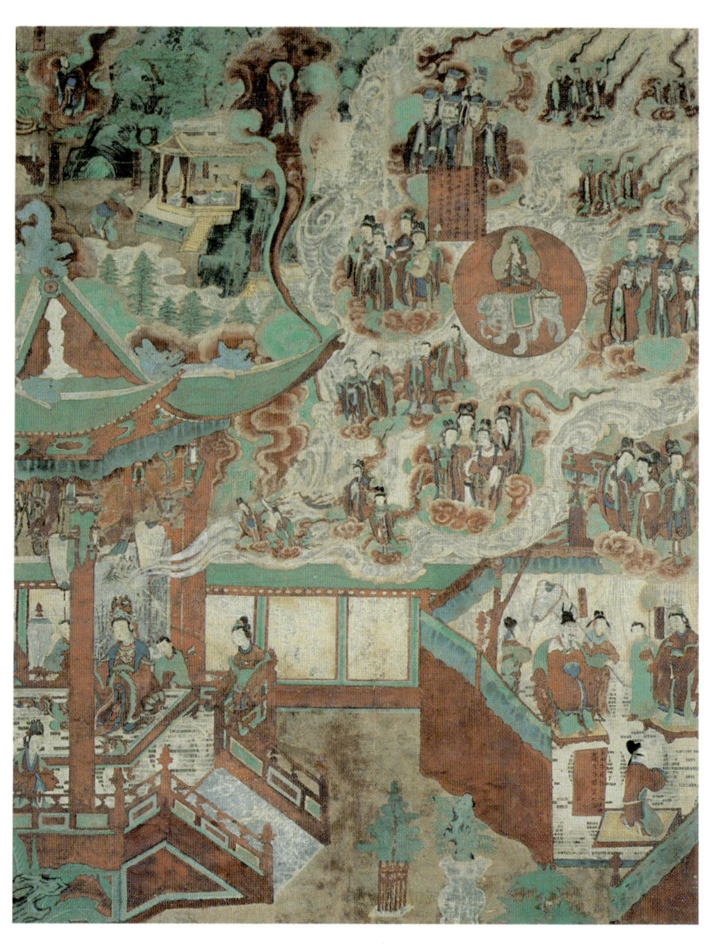

도솔래의상(兜率來義相) 도솔천에서 수행을 하던 석가가 성중(聖衆)의 호위를 받으며
코끼리를 타고 사바세계로 하생하여 궁중의 마야 부인에게 탁태(托胎)하는 모습을
묘사한 것이다.

10 탱화의 유형과 구조

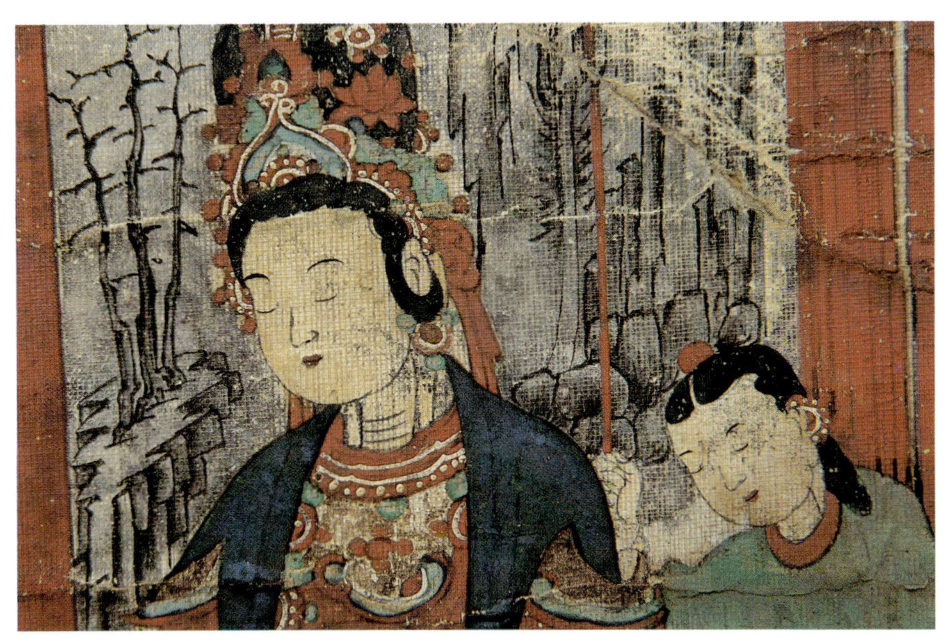

마야 부인 탁태의 꿈을 꾸는 마야 부인의 모습으로 시녀를 거느리고 있다. 팔상도
가운데 첫째 장면인 도솔래의상의 부분이다.

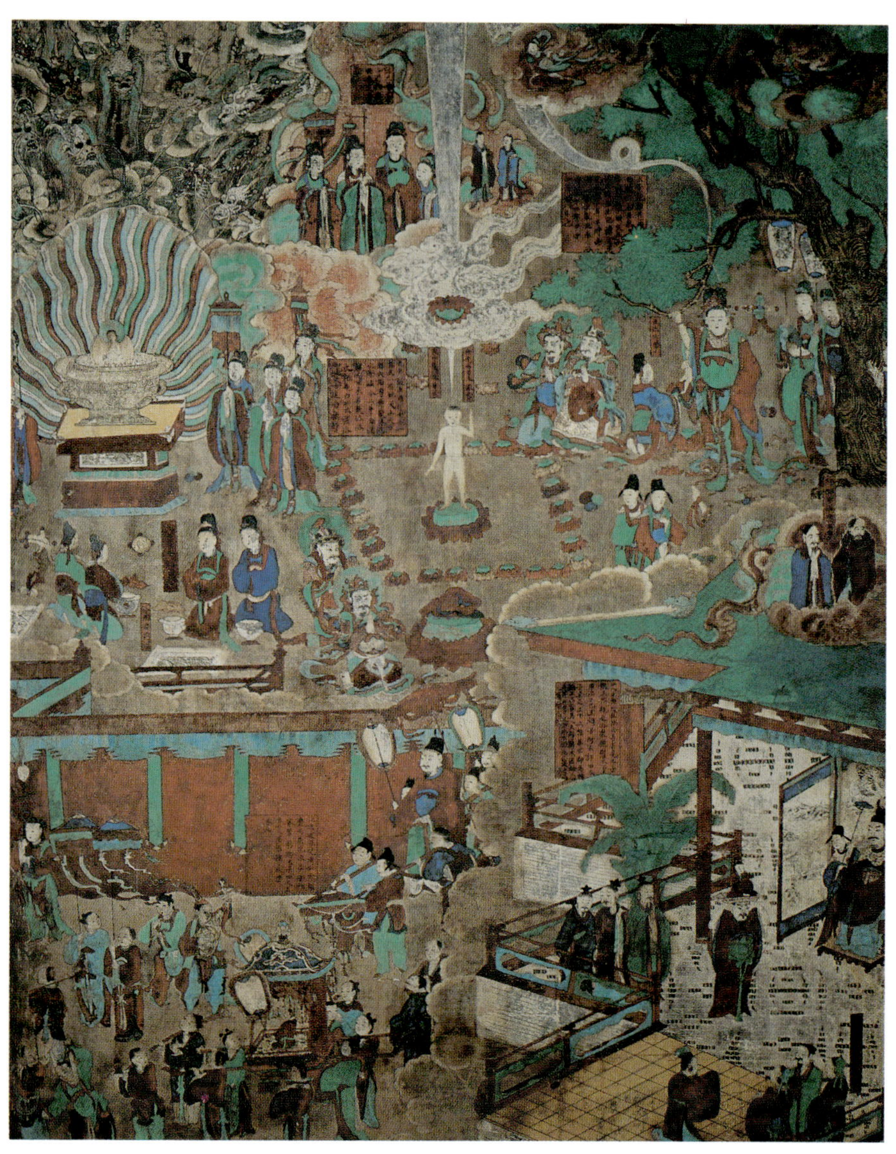

12 탱화의 유형과 구조

비람강생상(毘藍降生相)   룸비니 동산에서의 석가 탄생을 묘사한 것이다. 중앙에는
태어나자마자 한 손을 들어 하늘을 가리키고 한 손으로는 땅을 가리키며 "천상천하
유아독존(天上天下唯我獨尊)"을 말하는 모습이고, 주위에는 석가의 탄생을 찬탄하는
무리를 나타냈다.(왼쪽)
사문유관상(四門遊觀相)   인생의 괴로움 가운데 죽음을 묘사한 것이다.(오른쪽)

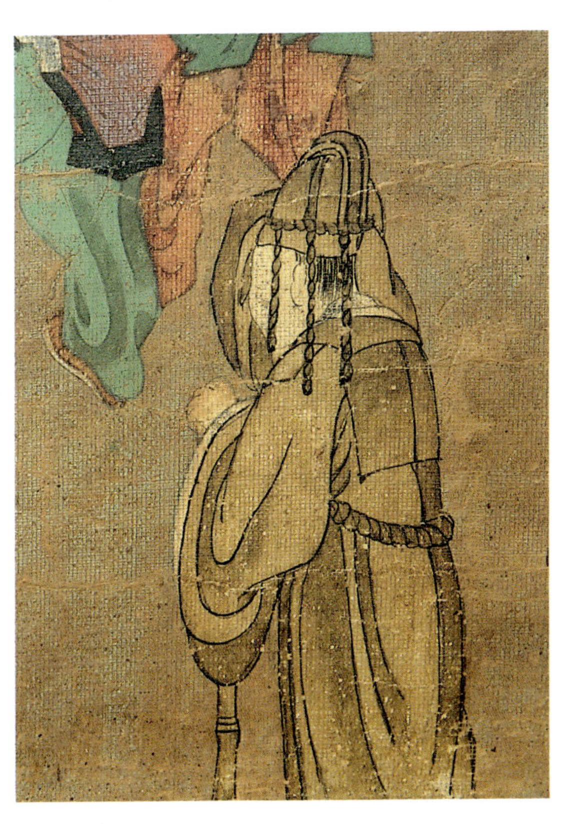

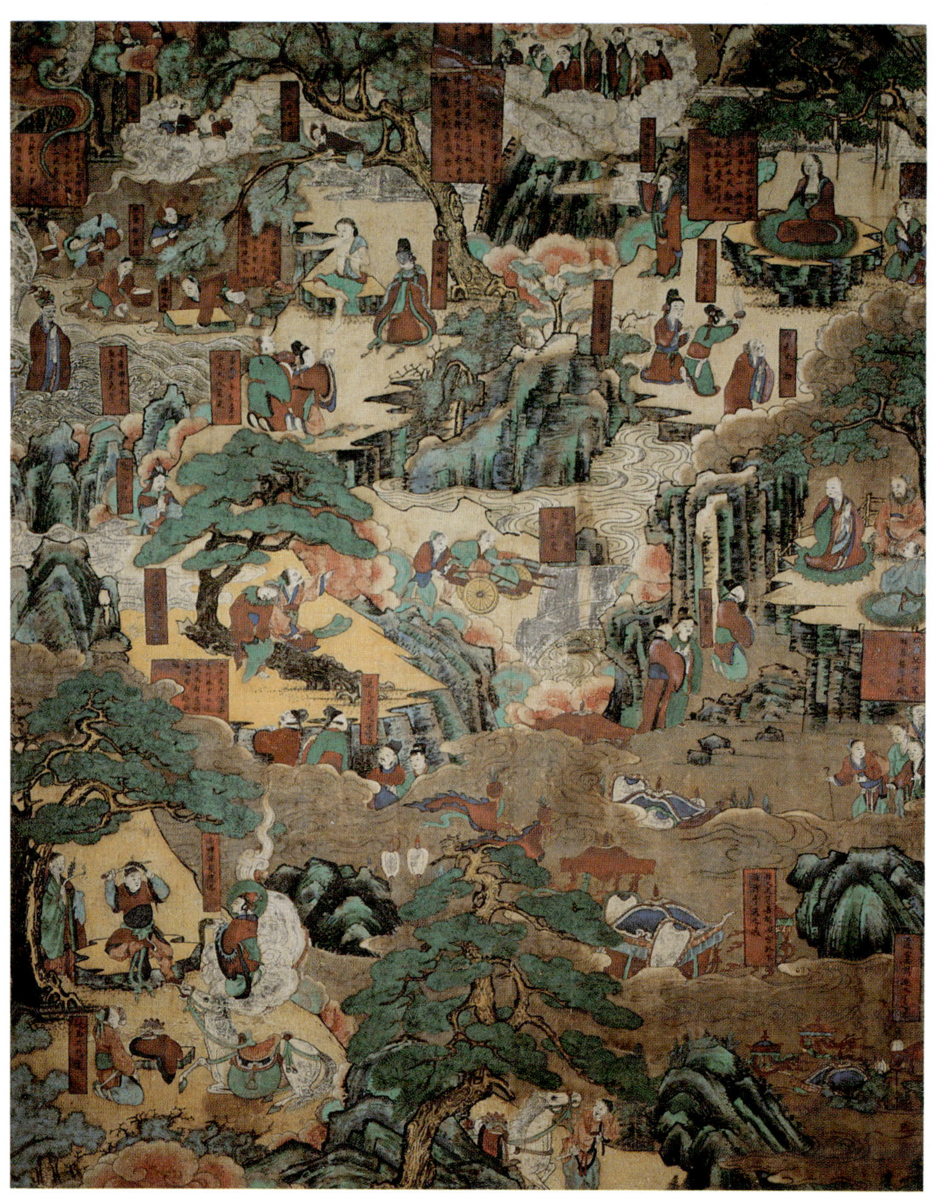

14 탱화의 유형과 구조

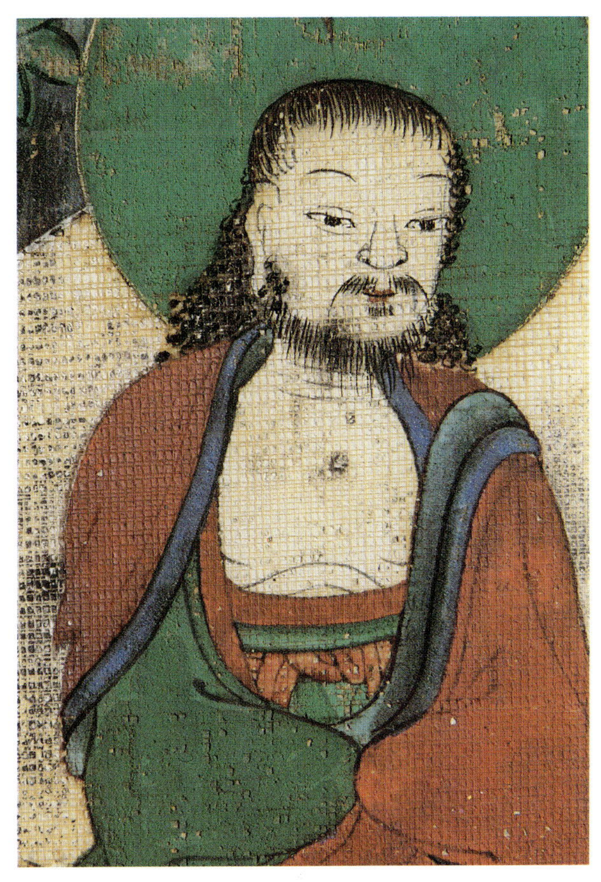

유성출가상(踰城出家相)　성을 넘어 궁전을 빠져 나온 석가가 머리를 자르고 수도승이
　되는 장면이다.(왼쪽)
설산수도상(雪山修道相)　출가한 석가는 적은 음식을 먹으며 정진한다. 설산수도의
　석가 모습으로, 늘어진 피부와 길게 자란 머리와 수염 등을 표현하여 고행중임을 나타
　냈다.(오른쪽)

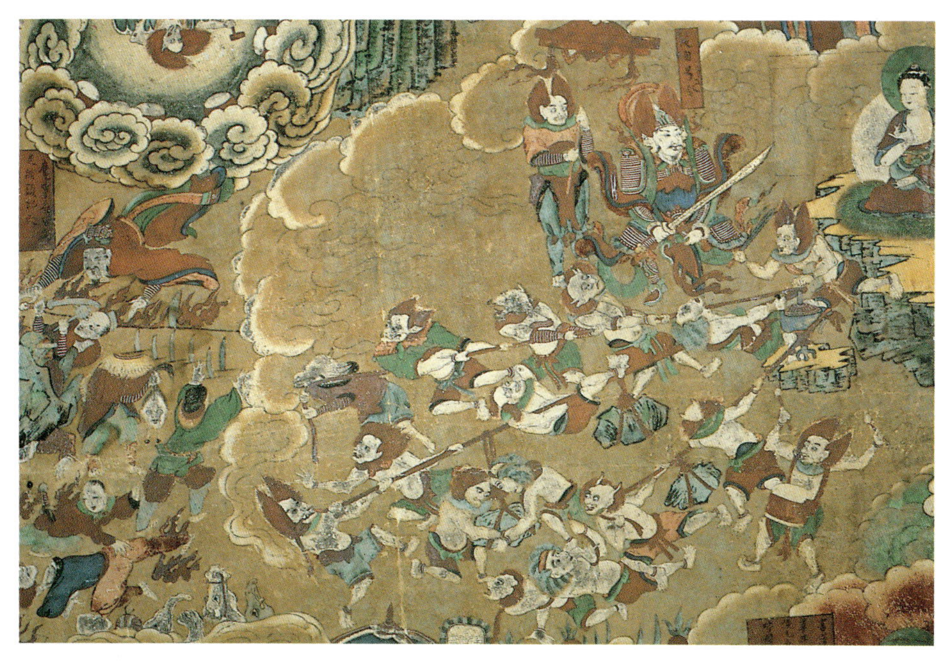

수하항마상(樹下降魔相)   석가가 성도에 이르는 수행중에 갖가지 번뇌를 상징하는 마귀로부터 유혹을 받고, 공격 받았으나 이를 물리치는 장면을 나타낸 것이다. (왼쪽)
쌍림열반상(雙林涅槃相)   오른쪽 위는 석가가 열반에 드는 모습을 중심으로 주변에 많은 제자들이 슬픔에 잠긴, 열반 당시를 표현한 것이고, 오른쪽 아래는 금, 은, 동의 관으로 둘러싼 석가의 시신을 다비하는 장면으로 많은 사리가 떨어짐을 표현하였다.

16 탱화의 유형과 구조

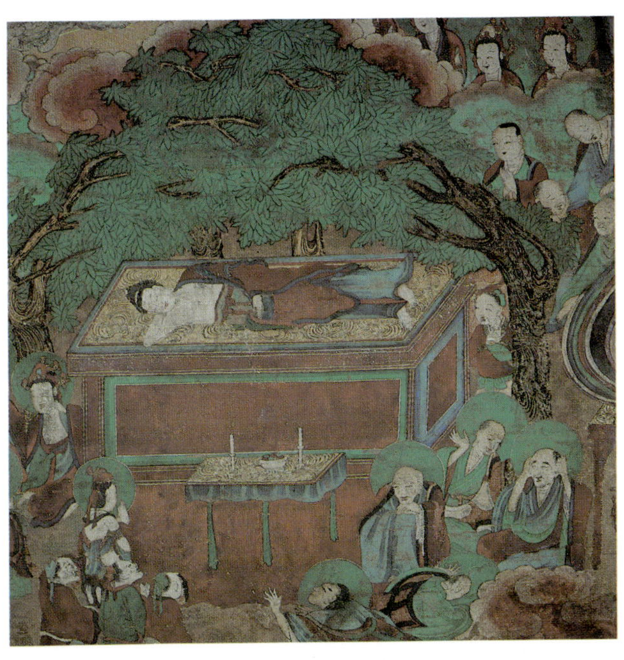

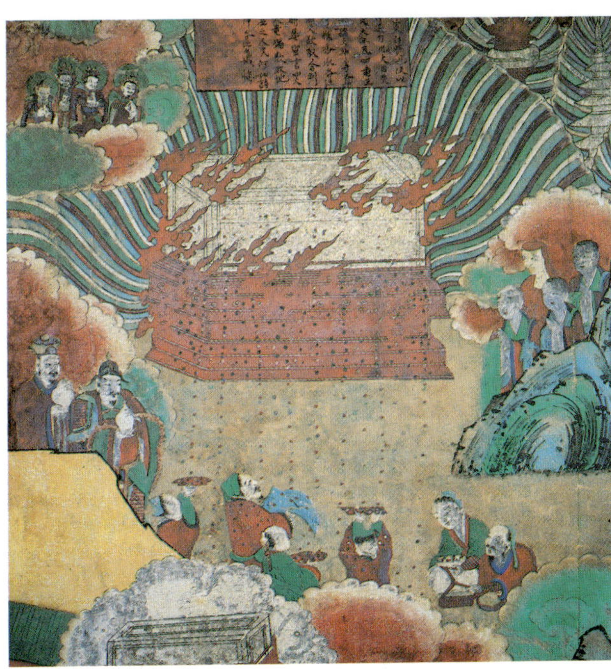

10, 11쪽 사진   첫째, 도솔천에서 사바세계로 내려오는 상(兜率來儀相).
12쪽 사진   둘째, 룸비니 동산에서 태어나는 상(毘藍降生相).
13쪽 사진   셋째, 성의 사대문을 나서서 관찰하는 상(四門遊觀相).
14쪽 사진   넷째, 성을 넘어 출가하는 상(踰城出家相).
15쪽 사진   다섯째, 설산에서 수도하는 상(雪山修道相).
16쪽 사진   여섯째, 보리수 아래에서 마귀의 항복을 받는 상(樹下降魔相).
    일곱째, 녹야원에서 최초의 설법을 하는 상(鹿苑轉法輪相).
17쪽 사진   여덟째, 사라쌍수 아래에서 열반(涅槃)하는 상(雙林涅槃相).

이는 곧 석존을 천(天), 인(人), 불(佛)의 삼상으로 표현한 것인데 이 가운데 후반의 성도상(樹下降魔相), 설법상, 열반상만이 불상(佛相)을 표현한 것이다.

보통 석가의 설법 절차의 내용은 경전상으로 「화엄경(華嚴經)」「아함경(阿含經)」「방등경(方等經)」「반야경(般若經)」「법화경(法華經)」「열반경(涅槃經)」의 차례로 하였다고 하는데, 이 경전들을 팔상과 대비해 보면 「화엄경」「법화경」「열반경」이 불상에 해당된다고 볼 수 있으며, 전통적으로 한국 사찰에 전해 오고 있는 탱화는 대부분 이 불상에 해당되는 「법화경」과 「화엄경」의 내용이 그림으로 표현되어 있다는 점에 주의를 기울여야 한다.

「화엄경」은 석가 성도의 세계를 그대로 묘사하고 있는 것이라 하겠는데, 곧 인간 석가께서 깨달음을 얻어 관조(觀照)한 세계는 한없이 깊은 광명에 비추어지는 세계이다. 이 세계를 흔히 연화장세계(蓮華藏世界)라 하고 그 세계에 주재하는 부처를 비로자나불(毘盧舍那佛)이라 한다. 이러한 「화엄경」의 세계가 탱화로 그려진 것이 사찰에서 간혹 발견되는 화엄탱화 또는 화엄변상도이다. 이 탱화는 화엄전의 주불 뒤에 모시는데, 이를 화엄전 후불탱화라고 한다.

「법화경」은 전법륜상(轉法輪相)을 드러낸 것으로서 석존 설법
21쪽 사진   상이 자주 탱화로 그려졌는데 이를 영산회상(靈山會上)이라 한다.

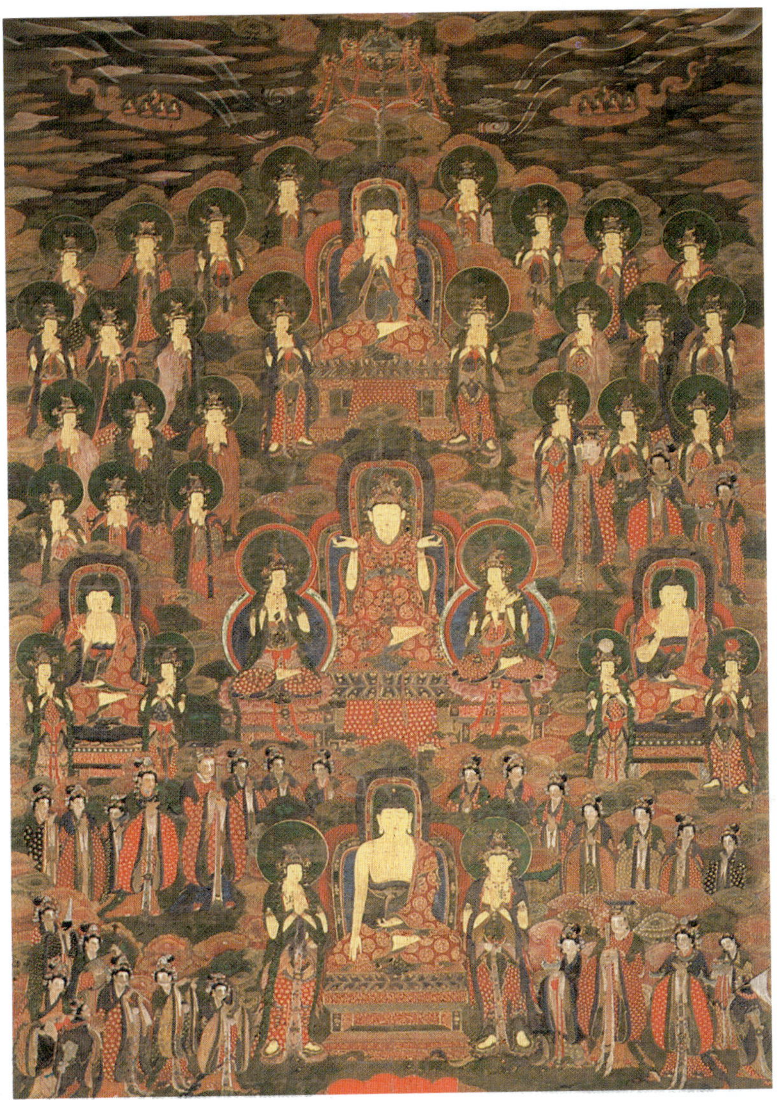

오불회상도(五佛會相圖)　이 오불회상도는 우리나라 만다라 구도의 기본 모습을 전하고 있다. 삼신불(三身佛)인 법신(法身；비로자나불), 보신(報身；노자나불), 화신(化身；석가모니불)을 종적으로 하고 아미타, 석가, 약사를 횡으로 하여 오불회상을 구성하고 있다. 따라서 중앙의 존상은 종적으로는 보신불이며 횡적으로는 석가모니불이 된다.

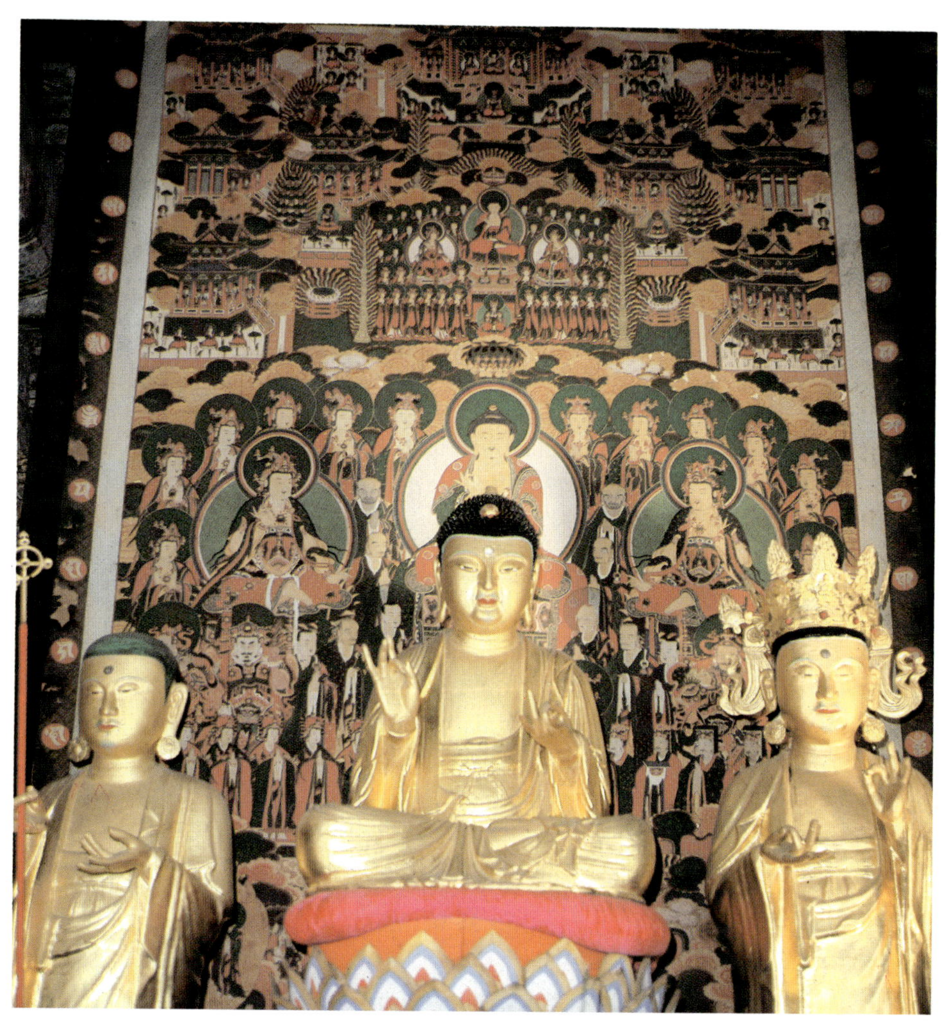

관경변상도 극락정토의 모습을 상품, 중품, 하품의 3단계로 나누어 나타내고 있다.
극락정토는 왕생인의 근기에 따라 3품으로 나누어진다.

20 탱화의 유형과 구조

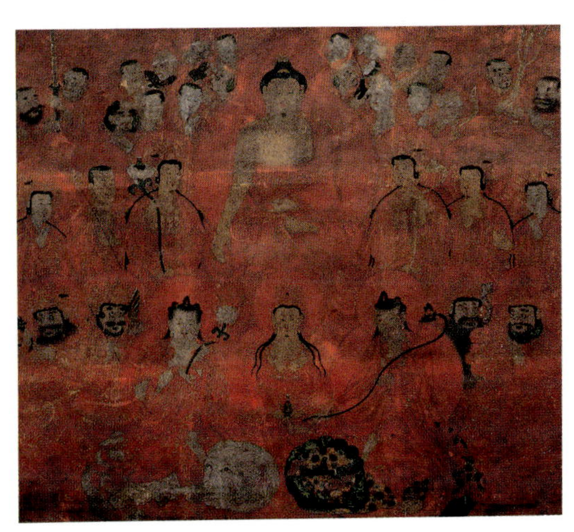

영산회상도　석가의 영산에서의 설법상을 나타낸 것으로 중앙에 설법자로서의 석가, 주변에 청문중으로서의 보살과 10대제자, 수호신으로 사천왕상과 금강역사상이 묘사되었다.

한국 불교와 탱화의 구조적 성격

위에서 말한 바와 같은 화엄탱화, 영산회상 후불탱화를 이해하고 더 나아가서 한국 탱화의 구조적 성격을 알기 위해서는 그 소의 경전인 「화엄경」과 「법화경」의 내용과 구조를 분석해서 좀더 자세히 이해해야 할 것이다.

화엄경

이 경전의 원이름은 「대방광불화엄경(大方廣佛華嚴經)」이다. 현존하는 한역본(漢譯本)으로는, 동진(東晋) 의희 14년(418)에 인도의 승려 불타발타라(佛馱跋陀羅) 삼장이 번역한 60권, 당(唐)의 측천무후(則天武后) 성력 2년(699) 우전국(于闐國)의 승려 실차난타(實叉難陀) 삼장이 번역한 80권 그리고 당 덕종(德宗) 정원 12년(769)에 유빈국(劉賓國)의 승려 반야(般若) 삼장이 번역한 40권 등 삼본(三本)이 전한다. 여기서는 진역(晋譯) 60권의 「화엄경」을 중심으로 그 내용을 살펴보기로 하자.

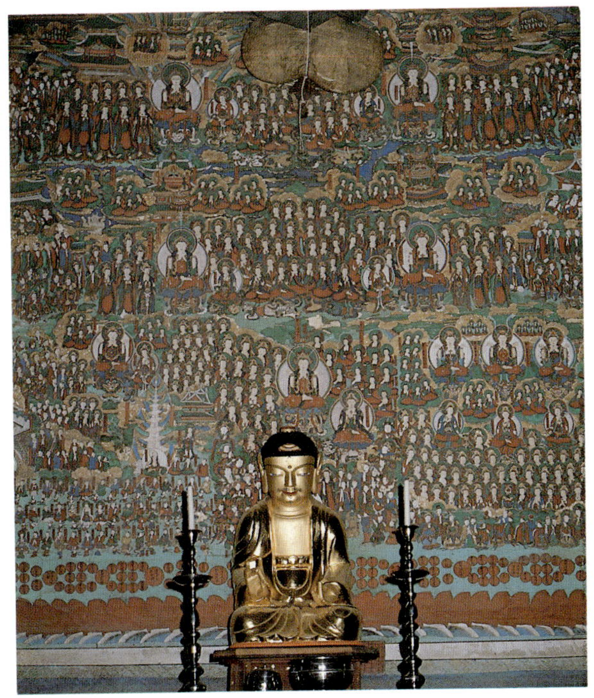

　이 화엄의 사상을 이해하려면 우선, 석존께서 8곳(八處)에서 8
번에 걸쳐 화엄을 설하신 내용이 석존의 정각(正覺)에서 드러난
(顯現) 우주의 근본 진리라는 점을 생각해야 한다.
　이 경전은 총 34품(品;章)으로 구성되어 있는데, 8회에 걸친 설법
내용을 요약하면 다음과 같다.

적멸도량(寂滅道場)

　제1 세간정안품(世間淨眼品), 제2 비로자나불품(毘盧舍那佛品)
　적멸도량이란 보리수 아래 석가께서 깨달음을 이룬 곳으로, 성도
한 신통력으로 일체의 미묘한 일이 나타난다는 것이 주된 내용이다.

보광법당(寶光法堂)

제3 일여명호품(一如名號品), 제4 사제품(四諦品), 제5 여래광명각품(如來光明覺品), 제6 보살명난품(菩薩名難品), 제7 정행품(淨行品), 제8 현수보살품(賢首菩薩品)

이 여섯 품은 적멸도량의 보광법당에서 설한 것으로 보살도의 출발점이며 근본인 믿음(信)에 대한 것이다. 곧 앞의 세 품은 소신(所信)의 과(果)인 여래의 신구의(身口意)에 대하여, 뒤의 세 품은 믿음 자체에 대한 해(解), 행(行), 증(證)에 대한 설법이다.

도리천궁(兜利天宮)

제9 불승수미정품(佛昇須彌頂品), 제10 보살전집묘승전상설(菩薩展集妙勝殿上說), 제11 보살십주품(菩薩十住品), 제12 범행품(梵行品), 제13 초발심보살공덕품(初發心菩薩功德品), 제14 명법품(明法品)

위의 여섯 품은 도리천에서의 설법으로, 도리천에 주처(住處)하는 제석천이 묘승전(妙勝殿) 위에 사자좌(獅子座)를 설치한 다음 정성을 다해 장엄하고 부처를 영접하니 부처가 보살도를 설한다. 여기서는 화엄의 근본 개념인 사사무애(事事無礙), 상즉상입(相即相入), 일즉일체 일체즉일(一即一切 一切即一) 설에 입각하여 주(住)의 문제를 설하고 있다.

야마천궁(夜摩天宮)

제15 불승야마천궁자주품(佛昇夜摩天宮自住品), 제16 야마천궁보살설게품(夜摩天宮菩薩說偈品), 제17 공덕화취보살일행품(功德華聚菩薩一行品), 제18 보살십무진장품(菩薩十無盡藏品)

위의 네 품은 행(行)의 문제를 설한다.

도솔천궁(兜率天宮)

제19 여래도솔천궁일체보전품(如來兜率天宮一切寶殿品), 제20 도솔천궁보살설집찬불품(兜率天宮菩薩雲集讚佛品), 제21 금강당보살 십회향품(金剛幢菩薩十回向品)

위의 세 품은 미륵보살의 주처인 도솔천에서 회향(回向)에 대해 설한다.

타화천궁(他化天宮)

제27 보살주발품(菩薩住發品), 제28 불불사의법품(佛不思議法品), 제29 여래상해품(如來相海品), 제30 불소상광명공덕품(佛小相光明功德品), 제31 보현보살행품(普賢菩薩行品), 제32 보왕여래성기품(寶王如來性起品)

이 여섯 품으로 보살도의 요체(要諦)가 전부 설해진다.

보광법당중회(普光法堂重會)

제33 이세계품(離世界品)

이 품에서는 적멸도량의 보광법당에 무수한 보살이 모인 가운데 보현보살이 행법에 관한 200가지의 문제를 제기하고 보현보살이 한 가지 물음에 열 가지의 답을 하여 2000의 행법을 현신한다.

중각강당(重閣講堂)

제34 입법계품(入法界品)

보현보살, 문수사리보살을 상수(上首)로 하여 선재동자(善財童子)의 구도 편력에 의한 보살도를 설하고 있다. 이 품이 전체 「화엄경」의 삼분의 일 가량을 차지한다.

이상의 8회 설법은 석존께서 깨달음으로써 나타난 자내증(自內證;

우주의 근본 진리)을 설하신 것이다. 적멸도량과 보광법당의 2회의 설법과 보광법당 중회(衆會)와 중각강당의 2회 설법은 지상에서의 설법이고 중간의 4회 설법은 천상에서의 설법이다. 이러한 세계를 그림으로 설명한 것이 곧 화엄탱화다.

이 화엄세계에 보이는 여러 보살과 천선중(天仙衆)은 다시 그 기능이 독립 분화되어 신중 신앙을 성립하였다. 따라서 여기에서 성립된 신중탱화의 신중들을 신중단 의식에서 화엄성중(華嚴聖衆)이라고 말한다.

「화엄경」에 나오는 천선중은 금강역사(金剛力士)를 비롯하여 33중(衆)이다. 지면 관계상 33중의 성격은 생략하고 명칭만 열거하면 다음과 같다.

도량신, 용신(龍神), 지신(地神), 수신(樹神), 약초신, 곡신(穀神), 하신(河神), 해신(海神), 화신(火神), 풍신, 허공신, 주방신(主方神), 주야신(主夜神), 주주신(主晝神), 아수라신(阿修羅神；귀신), 가루라왕(迦留羅王), 긴나라왕(緊那羅王), 마진라가왕(摩睺羅迦王), 구반다왕(鳩槃茶王), 귀신왕(鬼神王), 월신천자(月神天子), 일천자(日天子), 33천왕(도리천), 야마천왕(夜摩天王), 도솔천왕(兜率天王), 화락천왕(化樂天王), 타화자재천왕(他化自在天王), 불가사의대범(不可思議大梵), 광음천자(光音天子), 변정천(遍浄天), 과실천자(果實天子), 정거천(浄居天)

이들 천선중은 원래 인도의 토속신이었으나 불교가 성립 발전하면서 불교의 호법선신으로 포섭, 융화하였다. 이 천선중은 비단 「화엄경」뿐 아니라 다른 경전에도 호법선신으로 자주 나온다.

법화경

이 경전은 축법호(竺法護)가 번역한 「정법화경(正法華經)」과 구마라집(鳩摩羅什)이 번역한 「묘법연화경」, 사나굴다(闍那掘多)가 번역한 「첨품묘법연화경(添品妙法蓮華經)」의 세 가지 한역본이 있다. 우리나라에서는 구마라집이 번역한 「묘법연화경」이 가장 많이 유통되어 왔다.

원래 7권 27품이던 것을 5세기 말경 남제(南齊)의 법헌(法憲)이 고창국(高昌國)에서 '제바달다품(提婆達多品)'을 들여와 번역하여 첨가함으로써 28품이 되었다. 또 빠져 있던 보문품 중송(重頌) 26게(偈)를 수나라 문제 때 사나굴다가 번역한 「첨품법화경」에서 따다가 첨가시킴으로써 총 8권 28품이 되었다.

「법화경」의 구조는 먼저 본문(本門)과 적문(適門)으로 나눈다. 그리고 또한 이를 서분(序分;인연을 설함), 정종분(正宗分;경의 핵심 내용), 유통분(流通分;경전의 공덕과 이익을 설함)의 3분법으로 나눈 다음, 다시 전체를 서, 정, 유의 3분법으로 재구성하는 형식으로 조직되어 있다. 중국의 천태대사 지의(智顗)는 "구원실성(久遠實成)을 밝힌 본문은 적문의 실현"이라고 본문과 적문의 관계를 밝히고 있다. 천태대사의 법화문구(法華文句)에 의해 이 경의 구조를 좀더 자세히 살펴보자.

적문

제1 서품부터 제14 안락행품까지. 적문 역시 서분, 정종분, 유통분으로 구분한다.

서분에는 제1 서품(경의 인연)이 해당되며, 정종분은 3(三乘)을 열어 1(一乘)을 보인다는 내용이며, 삼승에 대해서는 제2 방편품에서, 일승에 관해서는 제3 비유품, 제4 신해품, 제5 약초유품, 제6

수기품, 제7 화성유품, 제8 오백제자수기품, 제9 수학무학인기품
등이 해당된다.

또 유통분은 「법화경」을 널리 유통시키는 공덕의 깊이를 밝히고
미래의 홍법(弘法)을 권하는 제10 법사품과 제11 견보탑품에 이
어, 법사(法事)로 유통을 증명하는 제12 제바달다품 그리고 이
세계와 저세계의 유통을 권하는 제13 권지품, 초심자를 위한 제14
안락행품이 포함되어 있다.

본문

역시 서분, 정종분, 유통분으로 구분한다.

서분은 제15 종지용출품, 정종분은 제16 여래수량품, 제17 분별
공덕품, 제18 수희공덕품이 해당되며, 유통분은 제19 법사공덕품,
제20 상불경보살품, 제21 여래신력품, 제22 촉루품, 제23 약왕보살
본사품, 제24 묘음보살품, 제25 관세음보살보문품, 제26 다라니품,
제27 묘장엄왕본사품, 제28 보현보살권발품이다. 이를 다시 전체의
구조로 보면 다음과 같이 구성되어 있다.

서분   서품

정종분   비유품, 신해품, 약초유품, 수기품, 화성유품, 오백제자수
기품, 수학무학인기품, 법사품, 견보탑품, 제바달다품, 권지품, 안락
행품, 종지용출품, 여래수량품, 분별공덕품, 수희공덕품.

유통분   법사공덕품, 상불경보살품, 여래신력품, 촉루품, 약왕보
살본사품, 묘음보살품, 관세음보살보문품, 다라니품, 묘장엄왕본사
품, 보현보살권발품.

특히 이 경에서 주목해야 할 점은 내용의 핵심이 되는 정종분보다
도 이 경전을 수지, 독송, 서사(書寫)하고, 보살행을 행하는 것에
대한 공덕을 설한 유통분이 더 큰 비중을 차지하고 있다는 점이다.
이것이 「법화경」 신앙을 성행케 하는 이유의 하나라고 할 수 있

다. 특히 「법화경」의 약왕보살본사품 제3에서는 이 경전을 수지, 독송, 공양 찬탄하는 자가 받는 공덕을 구체적으로 설하고 있다. 곧 일체 중생을 모든 고통으로부터 벗어나게 구제하고 일체 중생을 요익(饒益)하여 그 원(願)을 충만하게 하고 병든 자를 낫게 하는 등의 이익이 있다고 했다. 이러한 내용들은 앞에서 살펴본 석가 8상 가운데 전법륜상을 더욱 구체적으로 도설하고 있는 것 같아서 주목을 끈다.

이러한 특징을 지닌 「법화경」을 도설화한 탱화의 명칭을 영산회상도(靈山會上圖)라고 한다. 이것은 탱화의 도설 내용이 보좌에 앉은 석존을 중심으로 보살중과 10대제자를 앞에 하고 호법선신인 4천왕과 8부신장(神將)의 호위를 받으면서 석존께서 설법하고 있는 광경이며 이 광경이 곧 영산 법회의 장면을 도설화하고 있는 것이라고 생각되기 때문이다. 이는 「법화경」 서품의 내용을 통하여 더욱 확실히 알 수 있다.

경전에 설해진 모든 법회는 설법하는 이(說者)와 듣는 자(聞者)가 있다. 「법화경」도 예외가 아니어서 그 서품에 보면

"어느 때 왕사성 기사굴산 중의 영축산에 1만 2천의 비구중과 무수한 보살들이 모여서 석존의 설법을 들었다."

고 했다. 곧 석존을 설하는 자, 여러 보살들과 비구의 무리를 듣는 자로 하여 법회가 이루어지고 있다. 특히 여기에서 주의하여 알아두어야 할 점은 앞의 「화엄경」에서도 살펴보았듯이 영축산이라는 장소와 무수한 비구와 보살들은 실제의 모습이 아니라 불자내증(佛自內證)의 현현이라는 점이다. 곧 경전의 서두에서 시작하는 '여시아문(如是我聞)'의 나(我)는 그 자체가 무아(無我)의 나이며 여시(如是)의 법은 그대로 듣는 자의 것이 되어 설하는 자와 듣는 자 사이에 대립은 사라지고 오로지 믿음(信)만이 존재하는 하나의 상태이다.

31쪽 사진　이와 같은 서품의 광경을 그림으로 표현한 것이 곧 영산회상탱화이다. 화엄탱화가 「화엄경」의 도리(道理)인 우주의 근본 이치를 동화력 위에 표현한 것이라면, 전법륜(轉法輪)의 자비를 응화력(應化力) 위에 표현한 것이 영산회상도라 할 수 있다. 이와 같은 전법륜의 자비라는 특징이 영산탱화의 성행을 가져온 이유라 할 것이다.

　영산회상도에도 많은 신중들의 호위가 있기는 하나, 신중탱화의 신중들을 화엄성중이라고 일컫는 화엄탱화의 분화라고 한다면, 「법화경」의 특징으로 볼 때, 영산회상도의 분화인 관음탱화는 그 근거를 '관음보살보문품'에서 찾을 수 있다. 관음탱화는 관음전 관음상의 후불탱화로 오늘날까지도 불교 신앙의 큰 비중을 차지하는 신앙 형태가 관음 신앙이라는 점에서도 설득력을 지니고 있다.

32, 33쪽 사진　이 밖에 여러 후불탱화의 대부분이 영산회상도를 기본으로 하고 있다.

영산회상도　영축산에서의 석가 설법 광경을 묘사한 그림으로 금강보좌에 앉아 설법하는 석가를 중심으로 설법을 듣는 보살중과 10대제자 그리고 설법 도량 수호신으로서의 사천왕과 금강역사 등으로 구성되어 있다.(오른쪽)

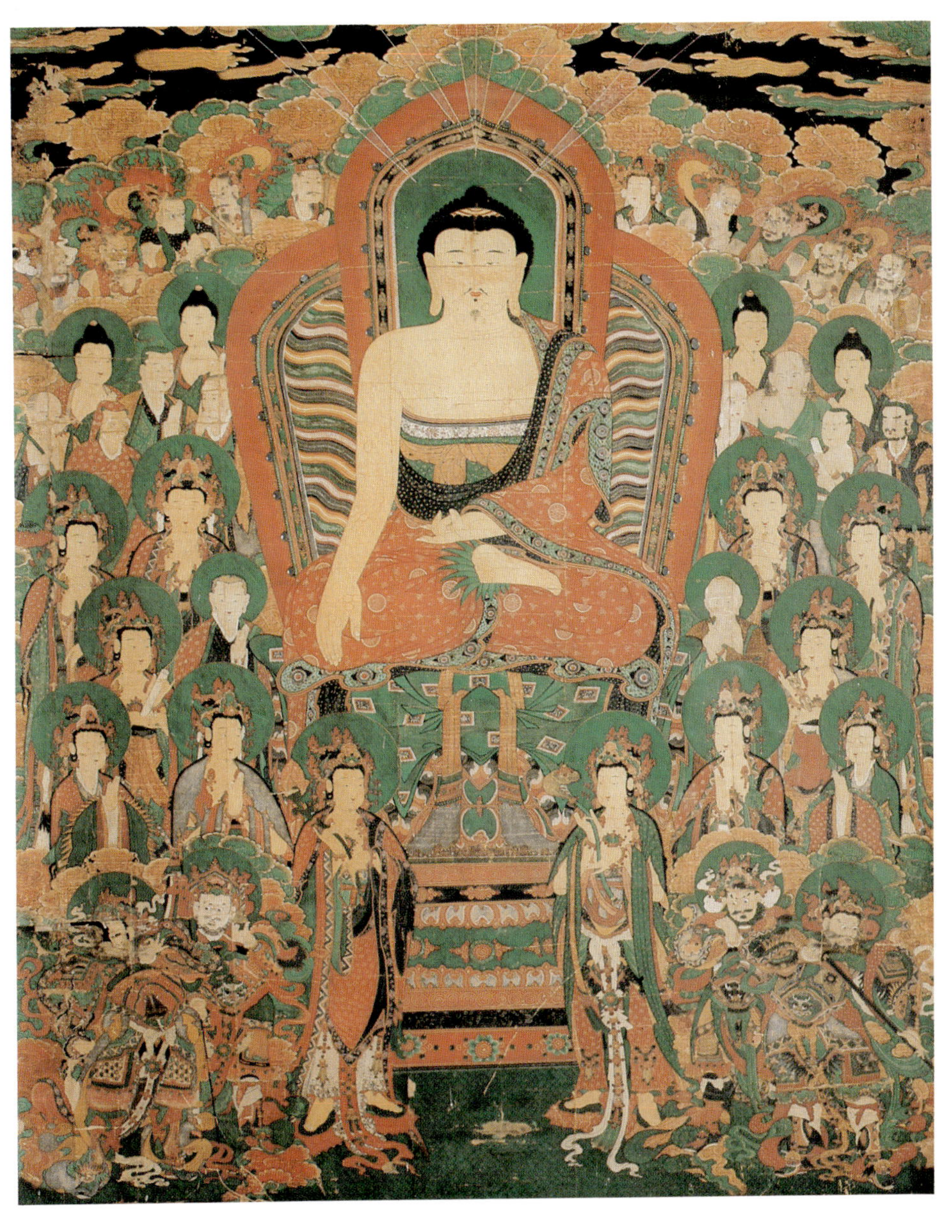

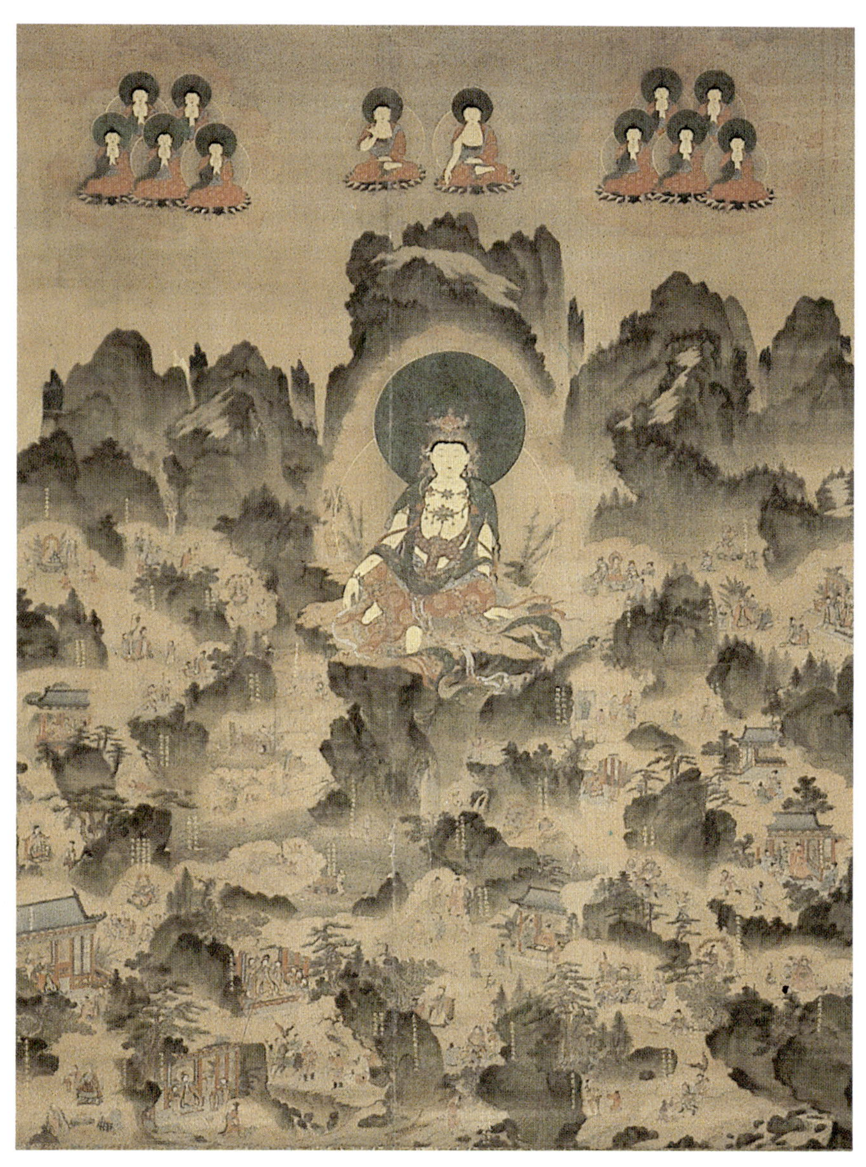

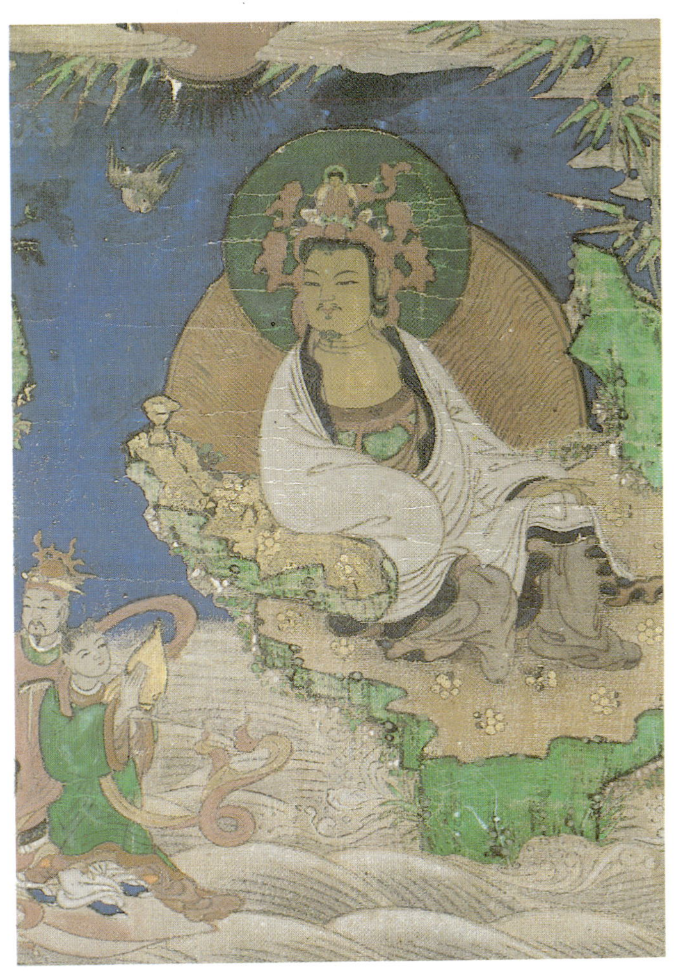

관음 32응신도(觀音32應身圖)　중앙에 관세음보살을 배치하고 주변을 산수화로 처리하여 관세음보살이 중생의 위급 정도에 따라 각각 32의 다른 모습으로 나타냄을 묘사한 것이다. 화면의 위에는 관세음보살 교화력의 위대함을 상징하는 화불을 묘사하였다.(왼쪽)

백의(白衣) **관음도**　관세음보살의 정토인 보타락산에 정좌한 관음과 그 협시로 해상용왕과 남순동자를 묘사하였다.(오른쪽)

탱화의 분화와 전개

앞에서도 말한 것처럼 탱화의 내용이 곧 신앙의 내용을 의미한다면 탱화의 분화는 신앙 형태의 분화를 의미한다고 할 수 있다. 곧 상단, 중단, 하단 신앙의 분화가 불교 신앙의 1차적인 분화라면 더 세분된 각 단의 신앙은 다시 내용별로 분화된 신앙인 것이다. 탱화 또한 이러한 신앙의 분화에 따라 2차적인 분화를 보이고 있다.

상단 신앙과 그 탱화의 분화

한국의 탱화는 「화엄경」과 「법화경」의 내용이 중심이 되고 있다. 이는 두 경전이 한국 불교계에서 중요한 위치를 차지하고 있기 때문이겠으나, 이와 더불어서 「화엄경」이 불교의 근본 진리를 설했고, 「법화경」이 근본 도리의 전법륜(轉法輪) 성격을 띠고 있다는 점에도 주목해야 할 것이다.

특히 법을 전하는 기능을 가지고 있는 사찰에서는 「화엄경」보다는 공덕이나 유통의 내용이 강조된 「법화경」의 탱화가 더 큰 비중을 차지한다고 생각해 왔다. 따라서 상단탱화는 화엄탱화보다는 거의 「법화경」의 영산회상도를 근거로 분화되고 있음을 볼 수 있다.

극락전 후불탱화

36, 37쪽 사진

서방 극락정토의 부처인 아미타불을 모신 불전을 극락전이라고 한다. 따라서 이 불전의 주불인 아미타여래의 후불탱화는 역시 극락정토(浄土)에서 아미타여래가 설법하는 광경을 나타낸 탱화를 걸어야 된다고 생각된다. 그러나 극락전에서도 대웅전의 후불탱화와 같은 석존 영산 설법회상의 내용을 표현한 탱화를 모셨다.

이것은 아미타 신앙이 설해진 「정토삼부경(浄土三部經)」의 설법자가 석존이고, 장소 및 듣는 이가 「법화경」과 거의 같은 전법륜상을 지니고 있기 때문에 별로 이상할 것이 없다. 극락 후불탱화 외에도 서방정토를 표현한 탱화가 있다. 곧 구품극락(九品極樂)탱화, 극락래영도(極樂來迎圖) 등이며 이들은 보통 영가 천도(靈駕薦度)를 위한 하단의 불화로 봉안된다.

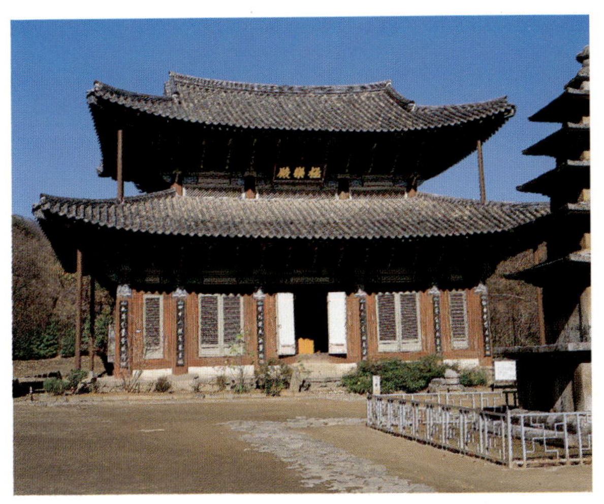

극락전 극락전에서의 후불탱화는 아미타여래가 묘사된 극락도를 봉안한다.

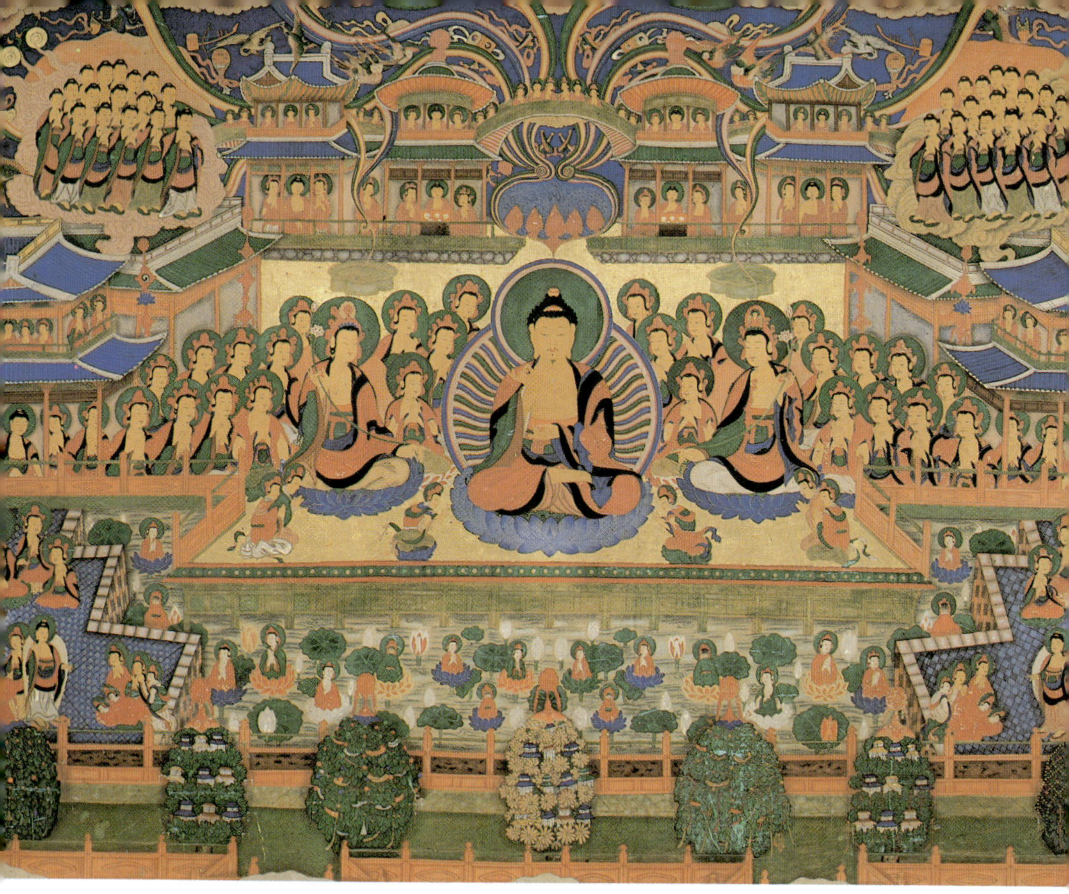

관경변상도 극락도라고도 하는 그림으로 극락의 모습을 그린 것이다. 중앙에 아미타
여래삼존이 여러 보살과 함께 설법하는 모습을 나타내고, 아래쪽에는 연못에 왕생한
왕생인을 나타내고 있으며 화면 위의 왼쪽과 오른쪽에는 시방불이 극락정토를 내왕
하는 모습을 나타냈다.

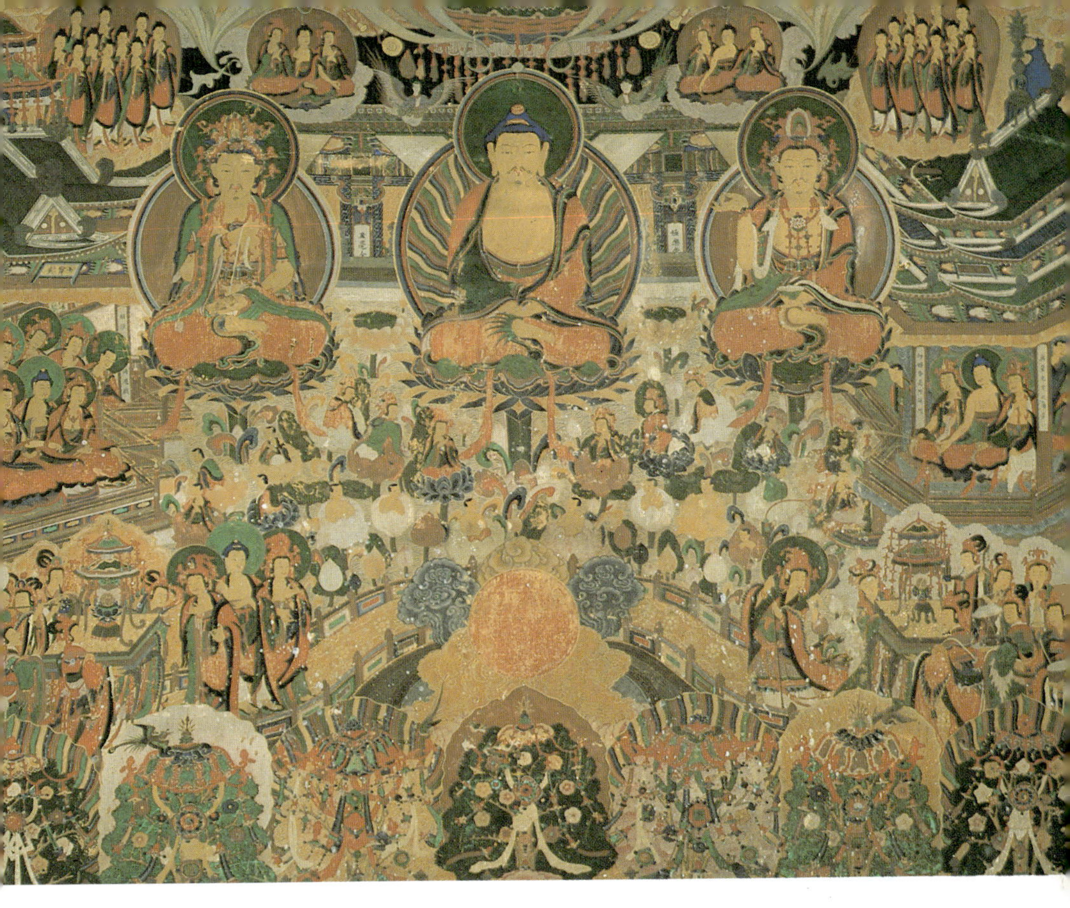

관경변상도 극락도라고 한다. 위에는 극락의 궁전에 아미타삼존을 묘사하고 그 아래
쪽에는 연못을 통하여 왕생한 왕생인 그리고 그 아래에는 극락의 성중과 보수(寶樹)
를 묘사하였다.

약사전 후불탱화

약사불이 봉안된 약사전의 후불탱화는 약사정토(薬師浄土)의
특성을 도설화하고 있다. 약사 신앙의 세계는 달마급다(達磨及多)
가 번역한 「불설약사여래본원경(佛說藥師如來本願經)」에 의하면
일광(日光), 월광(月光)보살이 약사불의 협시(脇侍)보살이며, 12
신장이 호법신장으로 되어 있다. 그러나 우리나라 약사전 후불탱화
는 대부분 일광, 월광보살을 좌우 협시보살로 하고 석가정토의 호법
신인 사천왕 등이 12신장 대신 호법신중을 맡고 있으며, 어떤 경우
에는 사천왕과 12신장을 같이 그려 놓은 것도 있다. 이러한 약사
신앙은 「법화경」 유통분에 보이는 관음 신앙에 따르는 관음탱화의
분화와 대비될 수 있다.

39, 40쪽 사진
38쪽 사진

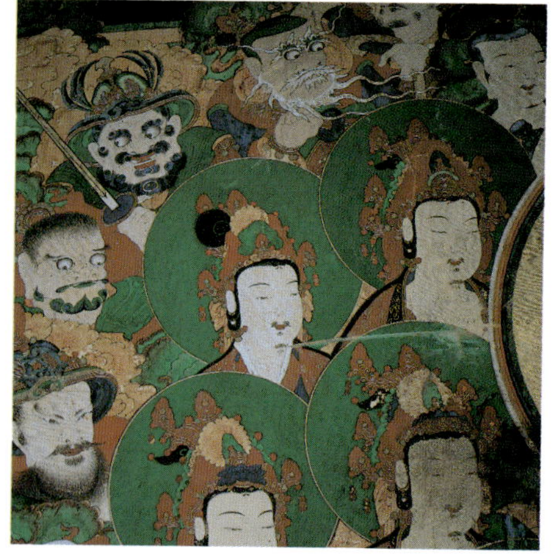
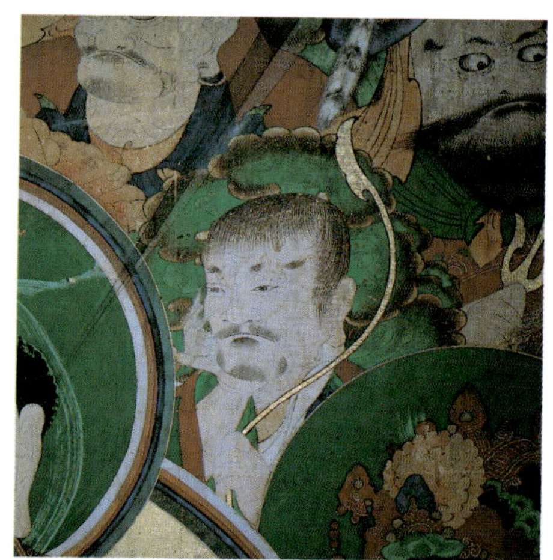

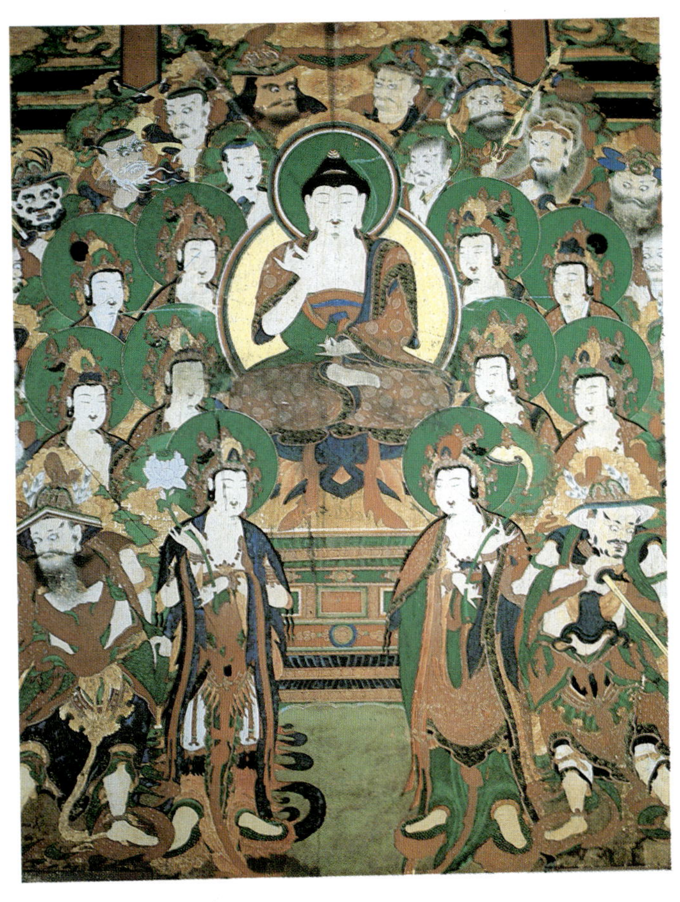

약사회상도(부분) 왼쪽은 보살, 오른쪽은 성문의 모습이다.(왼쪽)
약사회상도 약사전 후불탱화로서 중앙에 약사여래를 묘사하고 그 왼쪽과 오른쪽에 협시보살로서의 일광보살, 월광보살과 8대보살 그리고 그 외방에 약사회상을 수호하는 권속이 묘사되었다. (오른쪽)

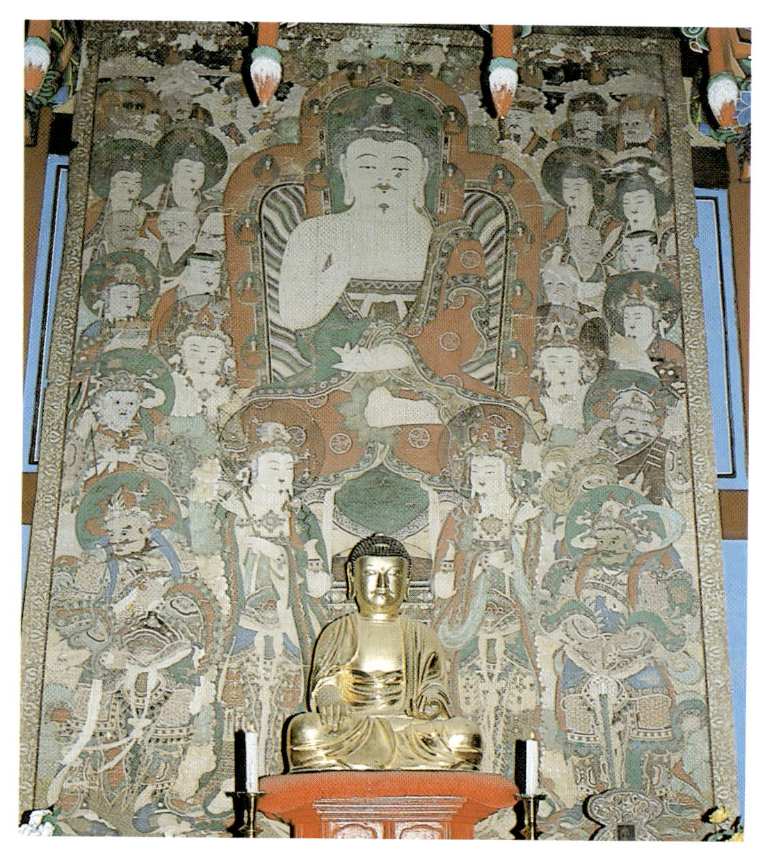

약사회상도 쌍계사의 약사회상도이다. 약사정토의 세계는 「불설약사여래본원경」에
의하여 그려진다.

40 탱화의 분화와 전개

삼여래를 봉안한 대웅전 후불탱화

 세 여래상을 봉안한 불전은 법신불, 보신불, 화신불을 봉안한 경우
와 석가, 미타, 약사의 세 불을 봉안한 경우의 두 형태가 있다. 후자
의 경우, 그 후불탱화를 살펴보면 단신불 대웅전의 후불탱화인 영산
회상도를 바탕으로 하고 아미타불과 관음, 세지의 좌우 협시보살
그리고 약사불과 일광, 월광의 협시보살상을 배치한 구도이다.

영산회상도　불화 앞의 불상은 비로자나불이나 후불탱화는 법신불이 아닌 화신불 석가
 의 영산회상도이다.

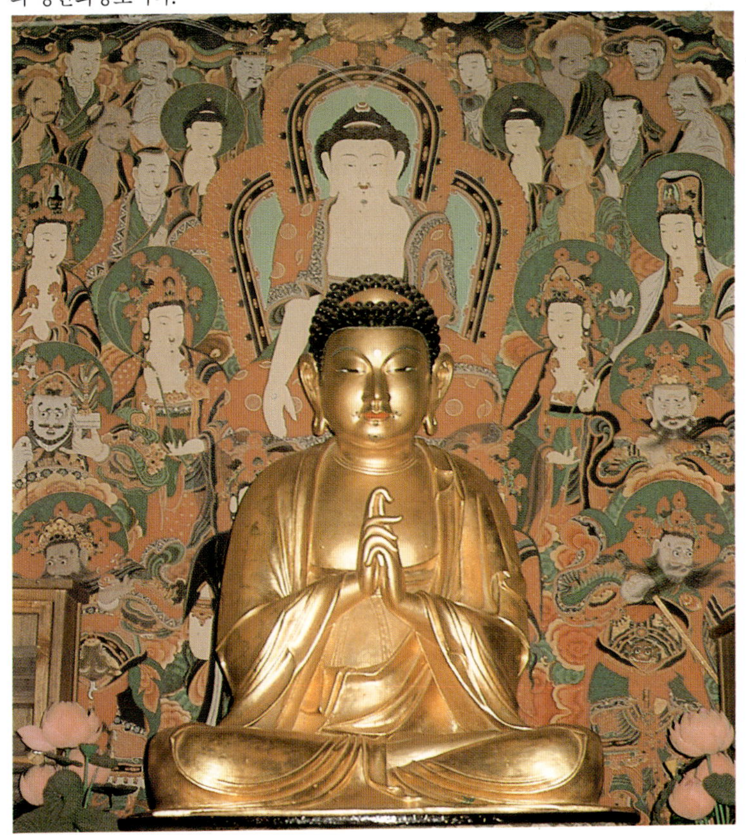

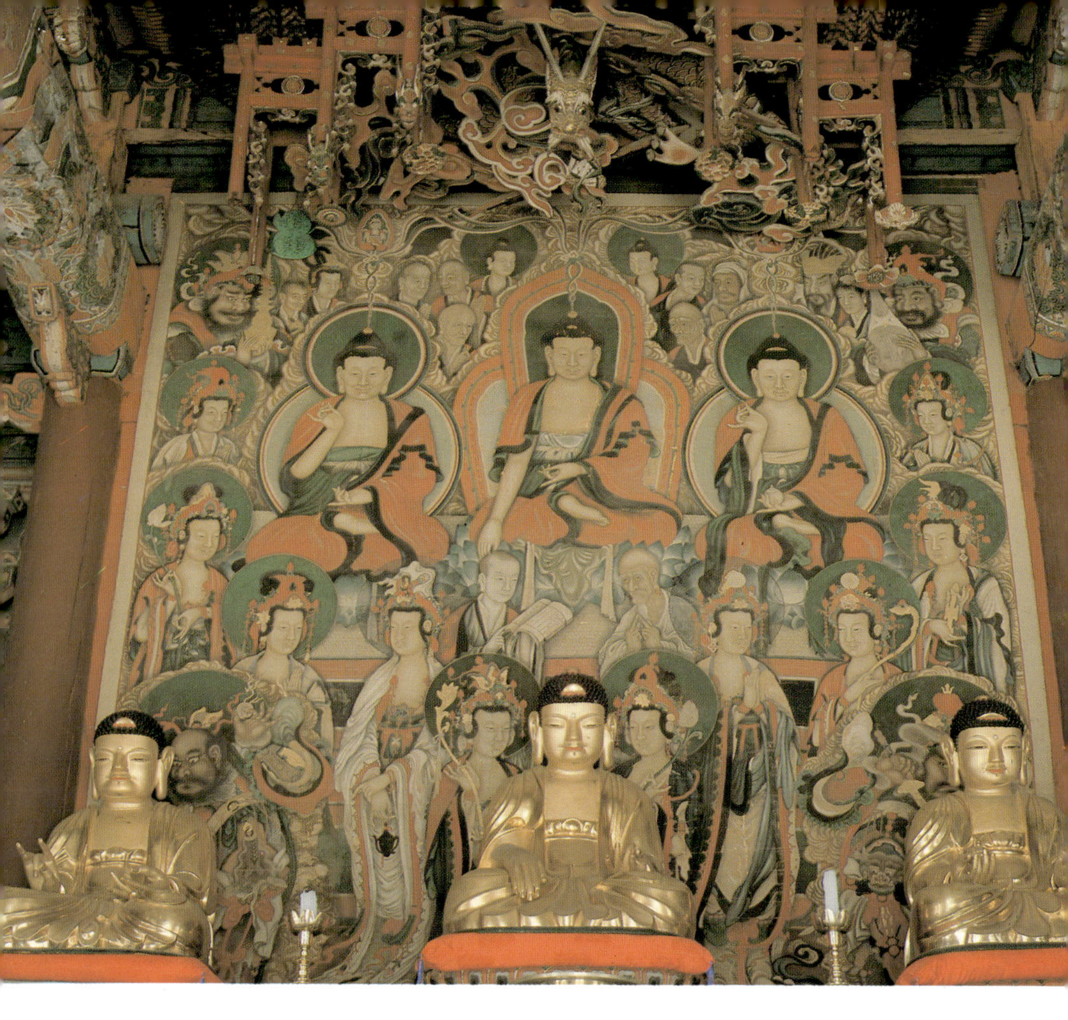

삼여래회상도(三如來會相圖) 　중앙은 영산회상, 오른쪽은 약사회상, 왼쪽은 아미타회상
이다. 수원 용주사의 삼여래회상도는 인물에 음영법까지 표현된 우수한 작품이다.

42 탱화의 분화와 전개

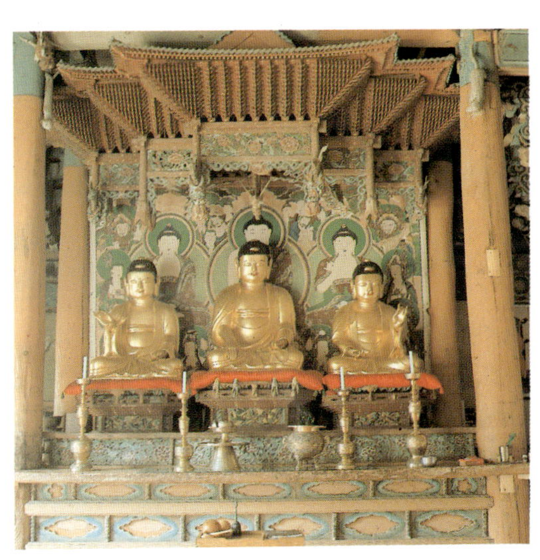

삼여래회상도　영산회상을 중심으로 삼여래를 함께 그린 것이지만 왼쪽의 삼여래회상
　도에 비해 청중이나 권속이 많이 생략된 형태이다.

중단 신앙과 그 탱화의 분화

중단탱화인 신중탱화(神衆幀畵)의 '신중'은 원래 상단 신앙에서 불법 수호의 역할을 담당하던 한 요소였다. 이것이 시간이 지남에 따라 그 기능이 더 강조됨과 함께 독립된 신앙 체계를 갖게 되면서 신중 신앙을 도설화한 중단의 신중탱화가 성립되었다.

이 신중탱에 표현된 신중들을 보통 화엄성중이라고 하며 화엄탱화에서 분화되었다고 한다.

이는 신중단 예경 의식(禮敬儀式) 때

"화엄회상(會上)의 색계, 욕계의 여러 천중(天衆)께 일심으로 귀명(歸命)하옵고 예배합니다. 화엄회상의 팔부중, 사천왕께 일심으로 귀명하옵고 예배합니다. 화엄회상의 호법(護法)하시는 선신중께 일심으로 귀명하옵고 예배합니다."

라고 하는 점에서 더욱 확실히 알 수 있다.

우리나라의 신중탱화는 최고 104위를 표현하지만 때로는 39위만 표현하기도 하고, 104위 중에서 적당한 위목(位目)으로 안배하여 구성하기도 한다.

그러나 신중탱화의 기본적인 구성은 위목의 수에 관계없이, 탱화 안에 상, 중, 하단의 삼단법에 따라 배치된다. 곧 상, 중단에 해당되는 신중상에는 두광을 그려 하단과 구별한다.

의궤에 따르면, 104위 신중 가운데, 여래화현원만신통대예적금강성자(如來化現円滿神通大穢跡金剛 聖者)를 비롯한 22위는 상단에 해당된다. 중단은 사바계주호령독존대범 천왕(娑婆界主號令獨尊大梵 天王)을 비롯한 38위이고, 하단은 이십오위 만사길상호계 대신(二十五位萬事吉祥 護戒 大神)을 비롯한 44위이다.

만약 39위만을 도설할 경우에는 104위 신중 가운데 상단 22위는 제외하고 중단 38위 중의 천왕위목 12위가 상단에, 8부중 8위가

중단에, 신중위목 19위가 하단에 배치된다. 이 밖에도 신중탱화에는
3단법의 기본 구조 아래 여러 신중이 적당히 안배되고 있다.

　앞에서도 말했듯이 신중 신앙은 원래 상단 신앙에서 분화되어
강복소재(降福消災)한다는 신앙으로 발전하여 성립되었으므로 소재
회상도(消災會上圖)로서 신앙 대상이 되었다.

　화엄 신앙에 비추어 볼 때 석존이 깨달음을 이룸으로써 모든 만물
이 더불어 깨달음을 이루게 되었고, 이에 자연의 모든 신들은 불법
을 보호하는 신으로 포용되었다. 따라서 석존 당시의 인도 토속신의
포용뿐만이 아니라 불교가 전파된 각 지역의 토속신까지도 불교적
성격의 신으로 포용하여 1차적으로 신중에 포함되었다. 이에 우리나
라에서는 최고 104위의 신중이 성립되었는데, 대개 104위목 가운데
상단 전체와 중, 하단의 일부에는 인도 토속신을, 중단에는 북두칠성
(北斗七星) 등의 중국의 신들을, 하단에는 한국적 토속신들을 수
용, 배치하고 있으나 이와 같은 불교 신앙 체계에서 신중들은 시간
이 지남에 따라 다시 그 원래적인 기능을 중시하게 되어 독립된
신앙 대상이 되기도 하였다. 이들 각각의 신중들이 신앙 대상이
됨에 따라 신중탱화 역시 2차적 분화를 가져왔다. 그 대표적인
것이 칠성탱화, 제석탱화, 산신탱화, 조왕탱화, 시왕탱화 등이다.

칠성탱화(七星幀畫)

47, 48, 49쪽 사진

　칠성은 104위 신중 가운데 불법 수호에 참여하는 중단 호법신의
하나이던 것이 대중의 신앙 대상이 되면서 독립적으로 분화하여
칠성탱화로 성립하였다. 이 칠성이 대중 신앙으로 성하게 된 이유를
칠성단 의식(七星壇儀式)의 청사(請詞)를 보면, "북두 제1성(弟一
星)은 자손에 만 가지 덕을 주고, 제2성은 장애 재난을 없애 주고,
제3성은 업장(業障)을 소멸해 주고, 제4성은 바라는 바를 이루어
주고, 제5성은 백 가지 장애를 없애 주고, 제6성은 복덕을 고루 갖추

<표> 도교와 불교의 칠성 이름 비교

도교	불교	비고
북극성	금륜보계 치성광여래불	
일(日)	일광변조보살	좌보처
월(月)	월광변조보살	우보처
탐랑성군	동방최승세계 운의통증여래불	
거문성군	동방묘보세계 광음자우여래불	
녹존성군	동방원만세계 최승길상여래불	
염정성군	동방정주세계 광달지변여래불	
무곡성군	동방법의세계 법해유희여래불	
파거성군	동방유리세계 약사유리광여래불	

게 해주고, 제7성은 수명을 길게 해준다"라고 하여서 강복소재의 칠성 신앙의 내용을 알 수 있다.

또한 이러한 칠성 신앙은 중국 도교의 북두칠성에 대한 신앙이 불교화한 것으로 칠성 신앙의 의궤나 탱화를 보면 칠성이 7여래(七如來)로 신앙되고 있음을 알 수 있다.

칠성탱화의 구도는 다음과 같다. 치성광여래(熾盛光如來)가 주불이며 일광보살과 월광보살이 좌우 보처보살이고, 그 주위에 칠성이 불교화된 것임을 보여 주는 일곱 여래와 칠원성군, 3대 6성 28숙 등이 도설되어 있다. 이를 도교와의 관계에서 살펴 연관지어 보면 위의 표와 같다.

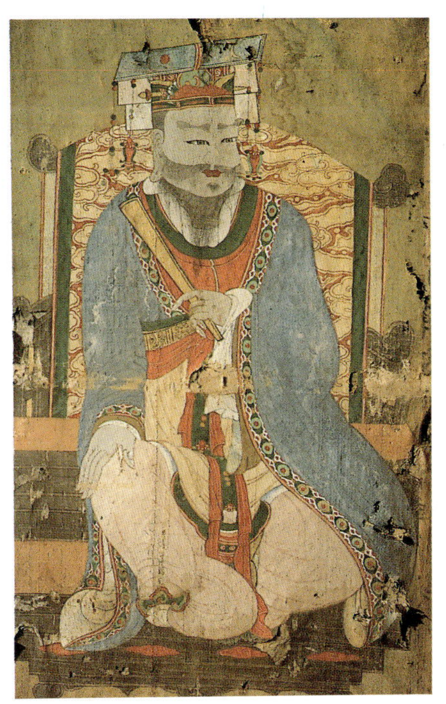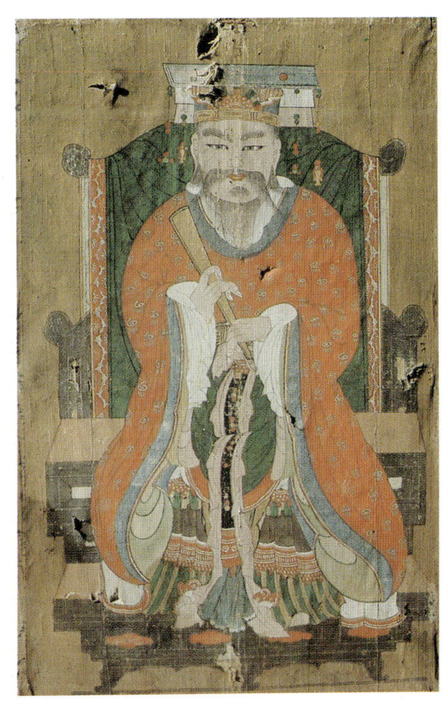

칠성탱화 칠성은 치성광여래를 중심으로 한 화폭에 모두 함께 그려지기도 하지만 각기 독립되어 한 폭씩 그려지는 일도 있다. 축서암의 칠성탱은 한 폭에 한 성군이 그려진 것이다.(왼쪽, 오른쪽)

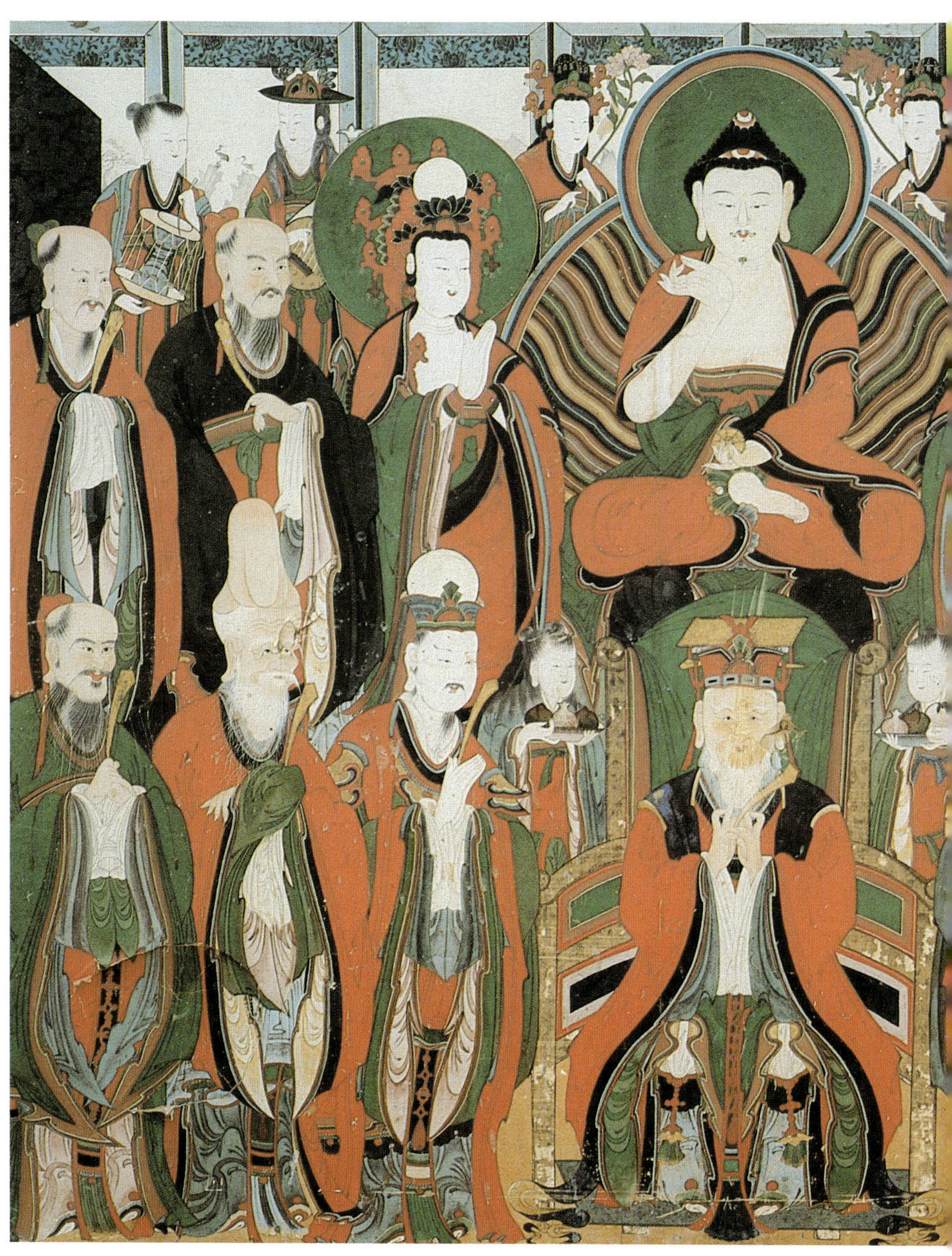

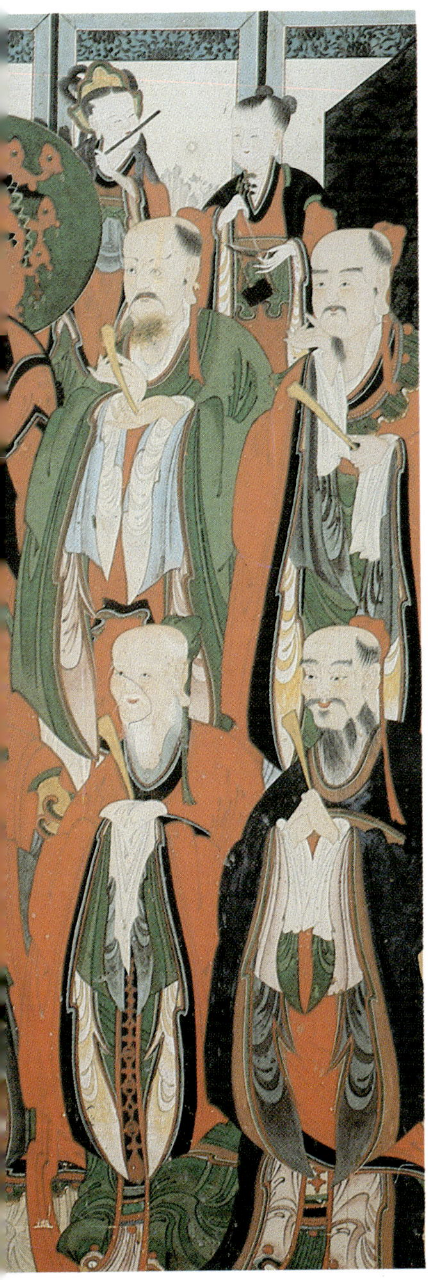

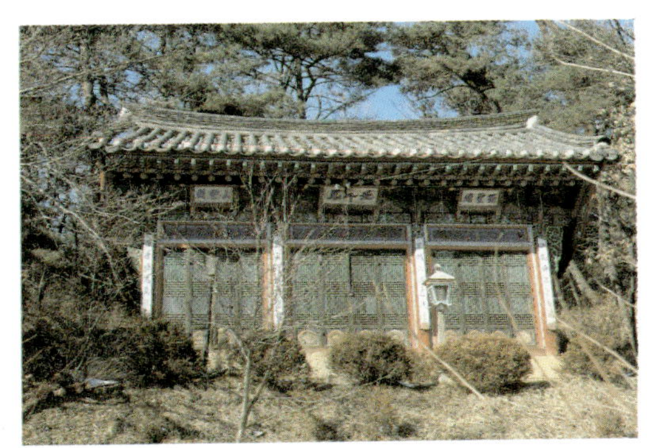

칠성도(七聖圖) 화면의 윗부분 중앙에 북극성을 불교화한 치성광여래와 그 왼쪽과 오른쪽에 일광, 월광보살을 표현하였다. 치성광여래의 바로 아래에는 대미성제(북극성)와 7원성군(북두칠성), 머리의 정수리를 길게 표현한 남극노인성 등이 나타나 있다. 오른쪽은 이러한 칠성도가 봉안되는 장소인 북두각(北斗閣)으로 봉선사에서는 한 지붕의 건물에서 독성각과 산령각의 중앙에 배치되었다.

제석탱화(帝釋幀畫)

신중탱화 중단의 33천 지거세주 제석천왕(三十三天地居世主帝釋天王)에 해당하는 제석 신앙이 독립, 분화되어 구성된 것이 제석탱화이다.

제석은 원래 인도의 토속신이었다. 「법화경」 '서품'에 나오는 '제석'은 환인(桓因)이며, 도리천주이며, 옥황상제(玉皇上帝)로서 제석이라 일컫는다고 했다. 곧 천신 신앙(天神信仰)이 불교와 습합된 것이다. 또 「삼국유사」 '고조선조'를 보면 민족의 제천(祭天) 신앙과 습합되었음을 알 수 있다.

우리나라는 고대로부터 농업국이었기 때문에 풍년을 기원하는 제천 의식을 끊임없이 행하여 왔다. 그런데 불교가 전래되면서 제천 신앙이 불교의 제석 신앙과 습합되고, 이 제석 신앙은 다시 그 중요성 때문에 호법신중에서 한 단계 성장한 독립된 제석 신앙으로 성립된 것이다. 여기에서 제석탱화가 성립하였다.

대개 신중탱화에서 하나의 신앙 형태가 독립 강조되어 새로운 탱화로 구성되면 중심되는 신을 중심으로 그 권속(卷屬)을 모두 도설화한다. 제석탱화 역시 이와 같이 구성되었음을 그 의궤를 통하여 알 수 있다. 이 탱화에 도설된 신과 권속은, 도리천주 제석천왕(兜利天主帝釋天王), 좌보처 바수루나천자(左補處波數婁那天子), 우보처 이사나천자(右補處伊舍那天子) 그리고 사방 각유 팔위천자(四方各有八位天子) 33위(位) 등이다.

51, 52, 53쪽 사진

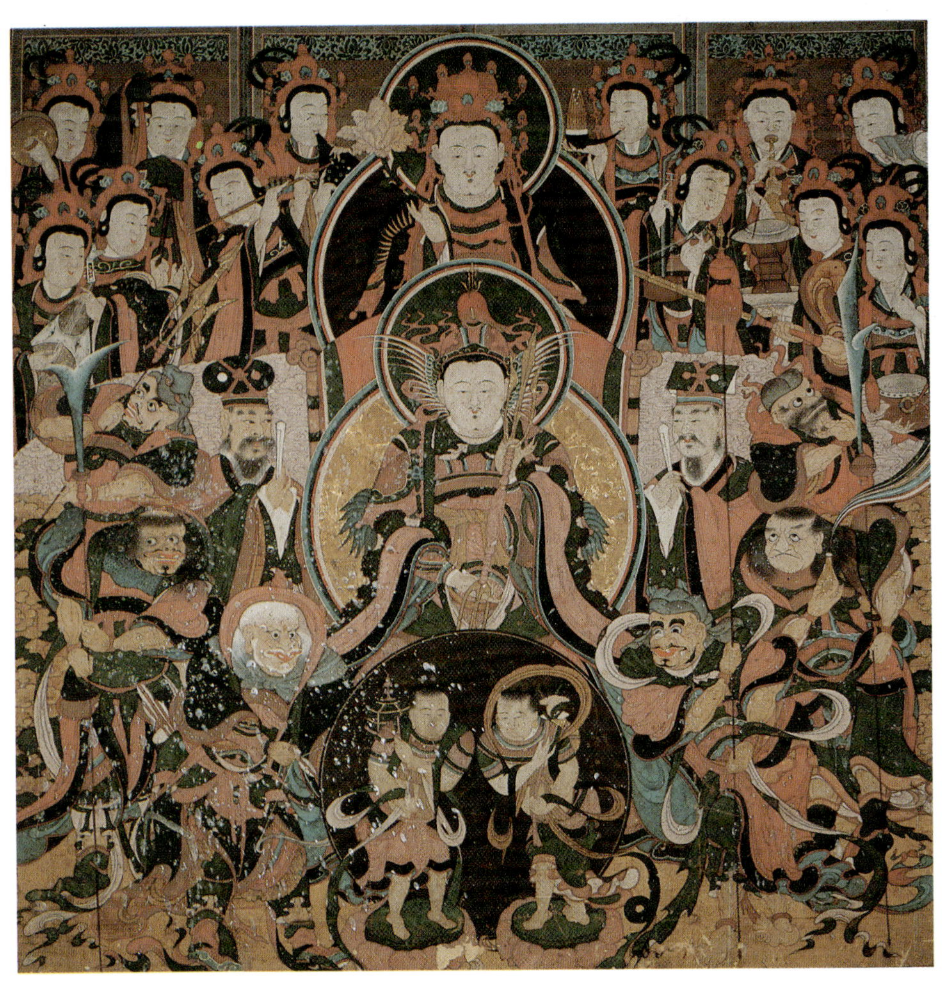

신중도(神衆圖) 화면의 윗부분은 제석천을 중심으로 천상중(天上衆)을 나타내고 아래
는 동진보살을 중심으로 신장상(神將像)을 나타냈다.

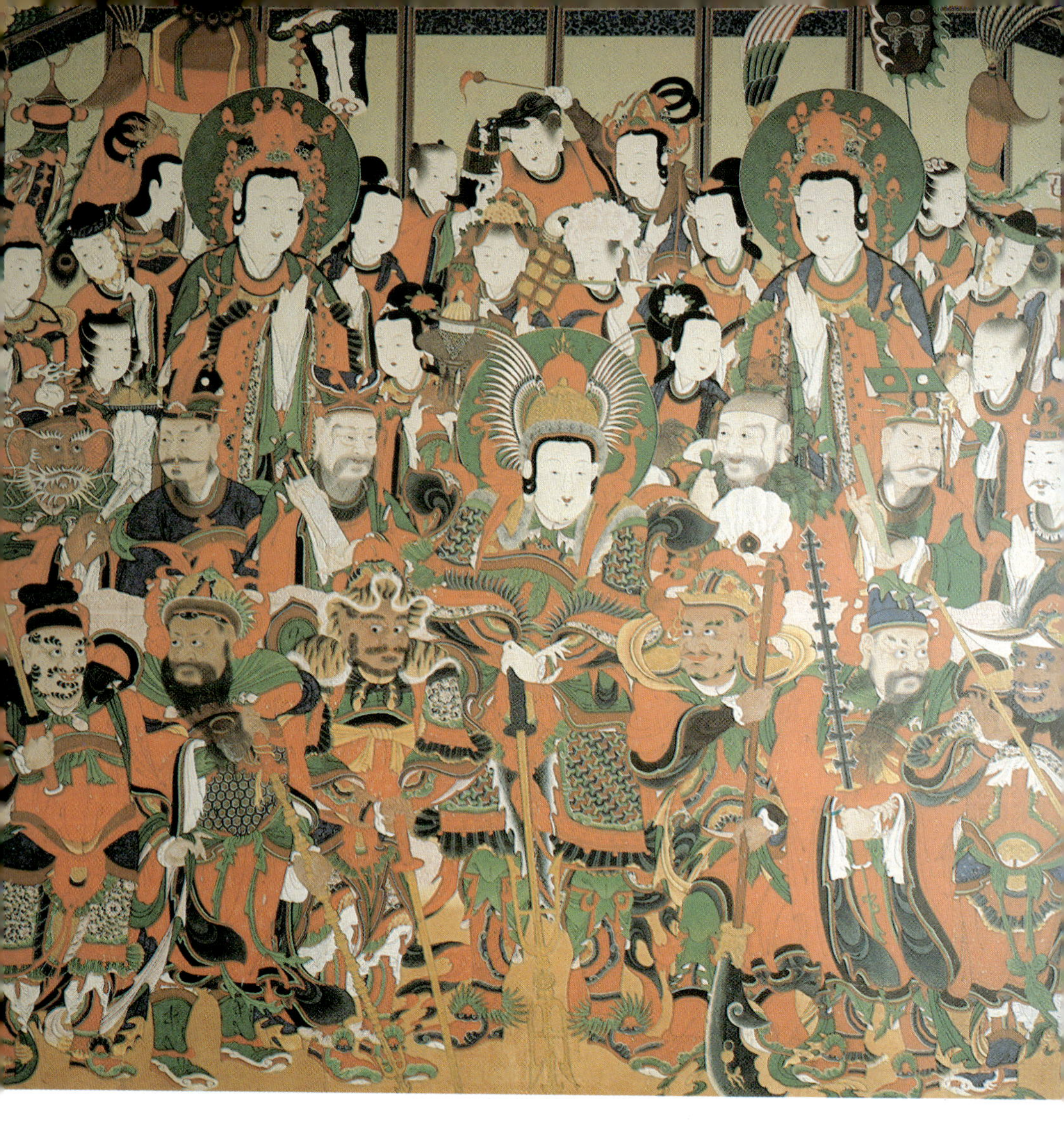

신중도 화면 윗부분은 제석천과 대범천을 중심으로 천녀 등의 천상중을 나타냈고, 아래는 동진보살을 중심으로 금강상, 신장상 등을 나타냈다.

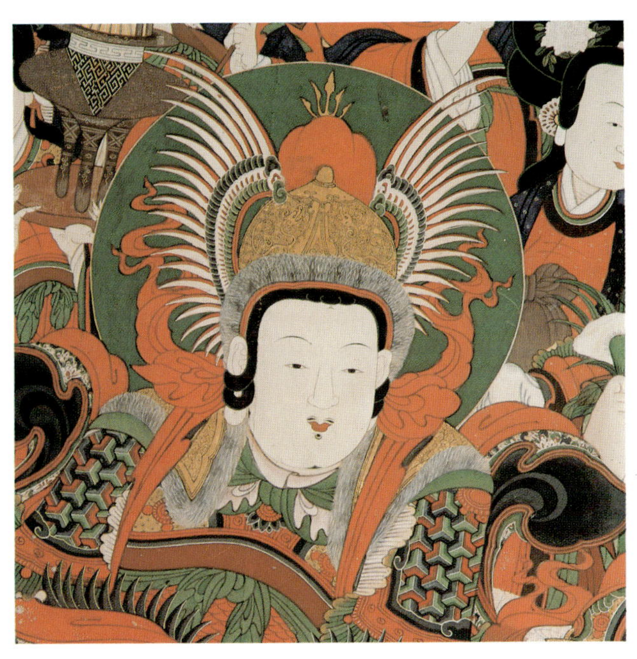

신중도(부분) 날개 달린 투구를 쓴 신중의 부분도로 동진보살의 얼굴 모습이다.

55쪽 사진

산신탱화(山神幀畫)

오래 전부터 전해 오던 우리 민족의 토속 신앙인 산신 신앙은 불교가 전래되면서 이 산신들이 호법선신으로 포용되어 신중탱화 하단 위목 중의 '만덕고승성개한적주산신(萬德高勝性皆閑寂主山神)'으로 자리잡았다. 이 호법선신이었던 산신의 위치가 다시 한 단계 성장하여 독립된 신앙 체계를 갖추게 되자 사찰 안에 따로 산신각을 짓고 산신탱화를 봉안하게 되었다.

그 도설 내용을 보면 산신이라는 인격신과 그 화신인 호랑이를 그렸다. 산신이 화신으로 호랑이를 끌어들이는 것은 재래의 민간 신앙이나 설화에서 많이 볼 수 있는데, 이와 같은 방법으로 산신 신앙이 불교에 포용된 것이다.

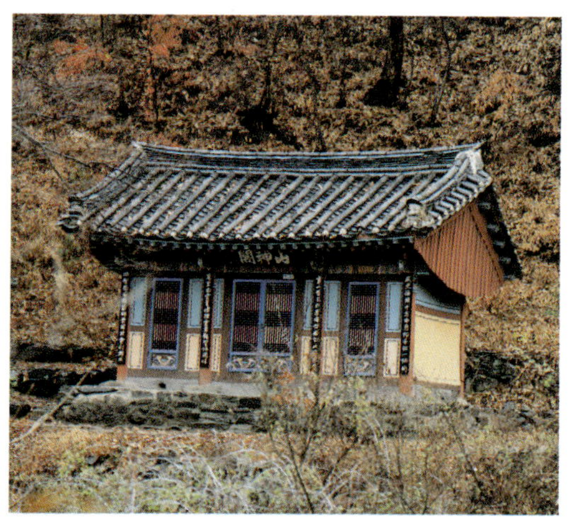

산신각 사찰의 주요 법당에서 조금 떨어진 곳에는 산신각이 있게 마련이고 여기에 산신도가 봉안된다.

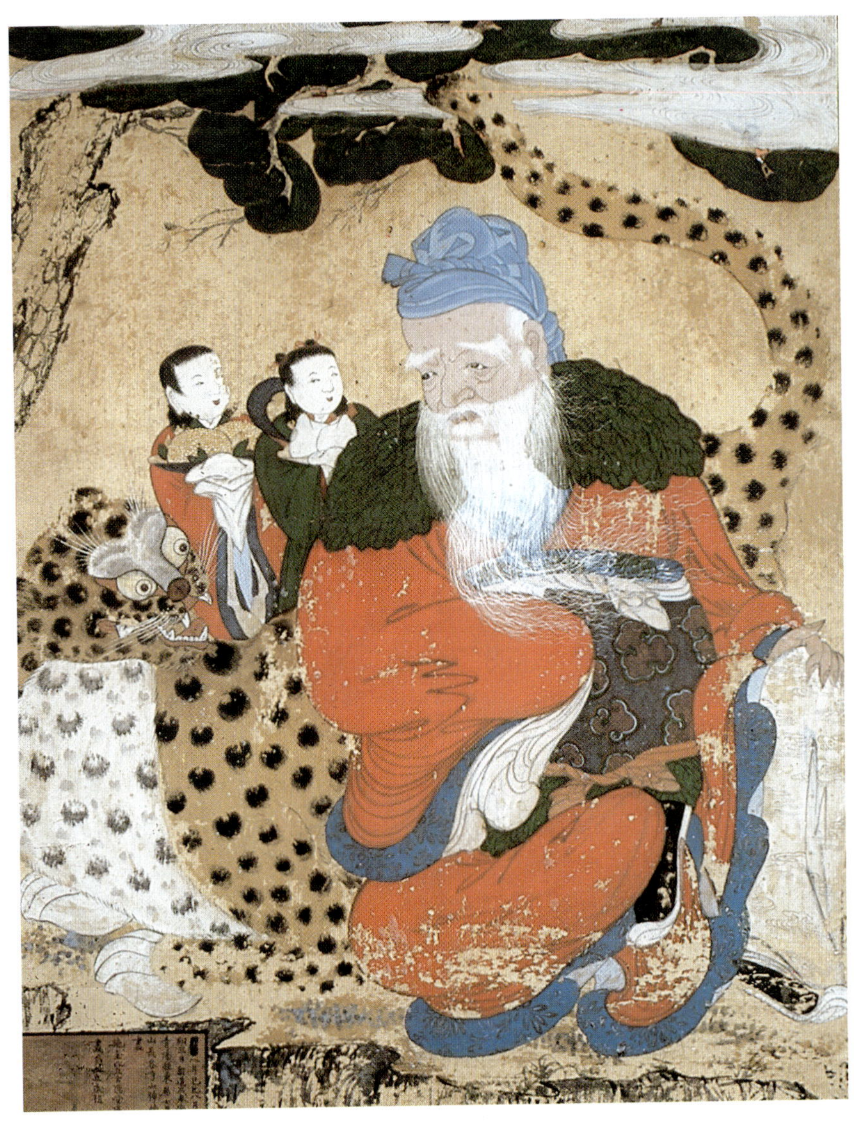

산신도 산신의 상징으로서의 호랑이와 그를 인격화한 노인도사(老人道士), 시중을
드는 동자상을 소나무 아래에 배치하였다. 호랑이와 노인도사는 일체임을 나타낸다.

조왕탱화(竈王幀畫)

조왕탱화 역시 우리나라 재래 민간 신앙에서 성립되었다. 신중탱화 하단의 '검찰인사분명선악주조왕신(檢察人事分明善惡主竈王神)'이라는 신중이던 것이 다시 독립된 신앙으로 발전하여 조왕단이 성립되면서 조왕탱화가 이루어진 것이다.

이 조왕탱화의 도설 내용을 의궤에서 살펴보면 팔만사천조왕대신(八萬四千竈王大神), 좌신처 담시력사(左神處 擔柴力士), 우신처 조식취모(右神處 造食炊母) 등이 있다.

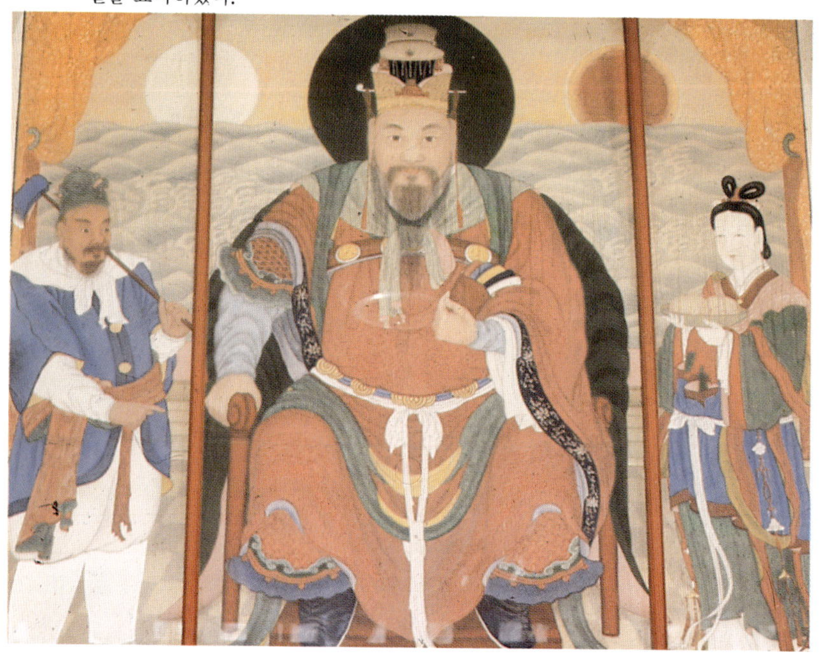

조왕탱화 부엌의 수호신인 조왕을 중심으로 오른쪽에 연료를 주관하는 담시력사, 왼쪽에 밥 짓는 일을 주관하는 조식취모상을 배열하였다. 배경에는 구름 문양과 해와 달을 묘사하였다.

시왕탱화(十王幀畫)

시왕탱화는 104위 신중탱화의 중단의 '장유음권위지옥주 염마라왕(掌幽陰權爲地獄主閻摩羅王)'에서 분화된 것이다. 원래 인도의 토속 신앙이던 염마라왕 신앙은 일찍이 불교의 신중 신앙으로서 호법선신으로 포용되었다가 불교가 중국으로 건너오면서 다시 중국의 시왕 신앙과 결합하여 독립된 신앙 형태를 형성하고 시왕탱화를 성립하였다.

이러한 시왕탱화는 대개 상단과 하단의 2중 구조로 이루어졌는데, 상단은 업경대(業鏡臺)에 비친 죄과에 따라 담당 명왕(冥王)과 판관이 권속을 거느리고 심판하는 장면을 도설하고, 하단에는 죄과에 따른 해당 지옥이 지옥왕과 그 권속에 의해 지배되는 지옥상(地獄相)이 그려져 있다. 또 그 지옥에서 지옥 중생을 구제하려는 지장보살의 서원상(誓願相)이 그려져 있다. 이 탱화의 도설 내용을 간단히 살펴보면 명부 시왕중, 십팔옥왕중, 이십사위판관중, 삼십육위귀왕중, 삼원장군(三元將軍), 이부동자(二府童子), 제위사자(諸位使者), 우두마면(牛頭馬面), 졸리아방(卒吏阿房) 등의 명부중(冥府衆)과 지옥 중생 및 그들의 구제를 서원한 지장보살과 그 좌우 보처인 도명존자(道明尊者)와 무독귀왕(無毒鬼王 ; 36위 귀왕의 하나) 등이다. 이와 같은 여러 상들이 10위의 각 왕에 분속되어 시왕 각 탱을 이룬다. 시왕의 이름과 그 권속의 수는 다음과 같다.

제1 진관대왕(秦官大王) 15권속, 제2 초강대왕(初江大王) 17권속, 제3 송제대왕(宋帝大王) 17권속, 제4 오관대왕(五官大王) 15권속, 제5 염라대왕(閻羅大王) 17권속, 제6 변성대왕(變成大王) 16권속, 제7 태산대왕(泰山大王) 17권속, 제8 평등대왕(平等大王) 14권속, 제9 도시대왕(都市大王) 17권속, 제10 오도전륜대왕(五道轉輪大王) 16권속.

이상의 시왕과 각 권속은 일정한 의궤에 따라 도설되는데 신륵사

60, 61쪽 사진

64쪽 사진

59, 62쪽 사진

63쪽 사진

(神勒寺)와 전등사(傳燈寺)의 시왕탱화는 의궤 내용과는 약간 다르
게 변형되어 있다.

이런 내용의 시왕탱화는, 불교에서 예토(穢土) 곧 청정하지 못한
이 세상(娑婆)을 떠나 정토(淨土)를 바라는(欣求) 권선징악 사상을
잘 표현하고 있다.

곧 시왕이란 죽은 사람이 7일마다 7번, 100일 되는 날, 소상(小喪),
대상(大喪)의 10번에 걸쳐 차례로 각 시왕에게 심판을 받게 되므
로 많은 공덕을 쌓아서 심판 때 영가(죽은 이의 영혼)가 지옥에 떨어
지지 않게 하기 위한 신앙이다. 이에 따라 지옥에 떨어진 모든 중생
을 하나도 남기지 않고 구제하겠다는 지장보살의 서원에 따른 지장
신앙이 전개된다. 그래서 시왕탱화에는 반드시 지장보살이 강조되었
고 여기에서 다시 지장 신앙이 강조되어 독립된 지장탱화를 형성하
였다.

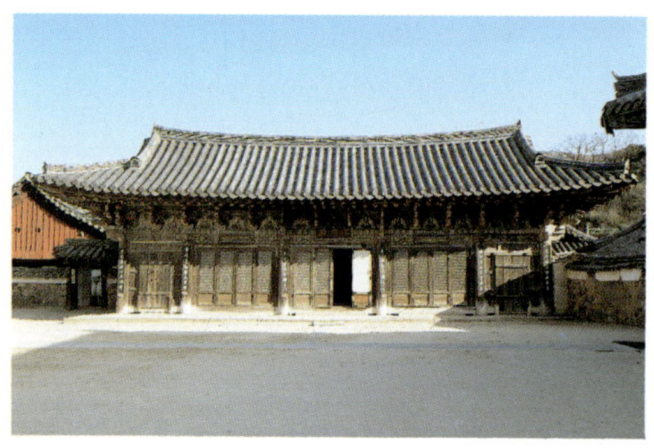

명부전　시왕도가 봉안되는 명부전 건물이다. 통도사 명부전.

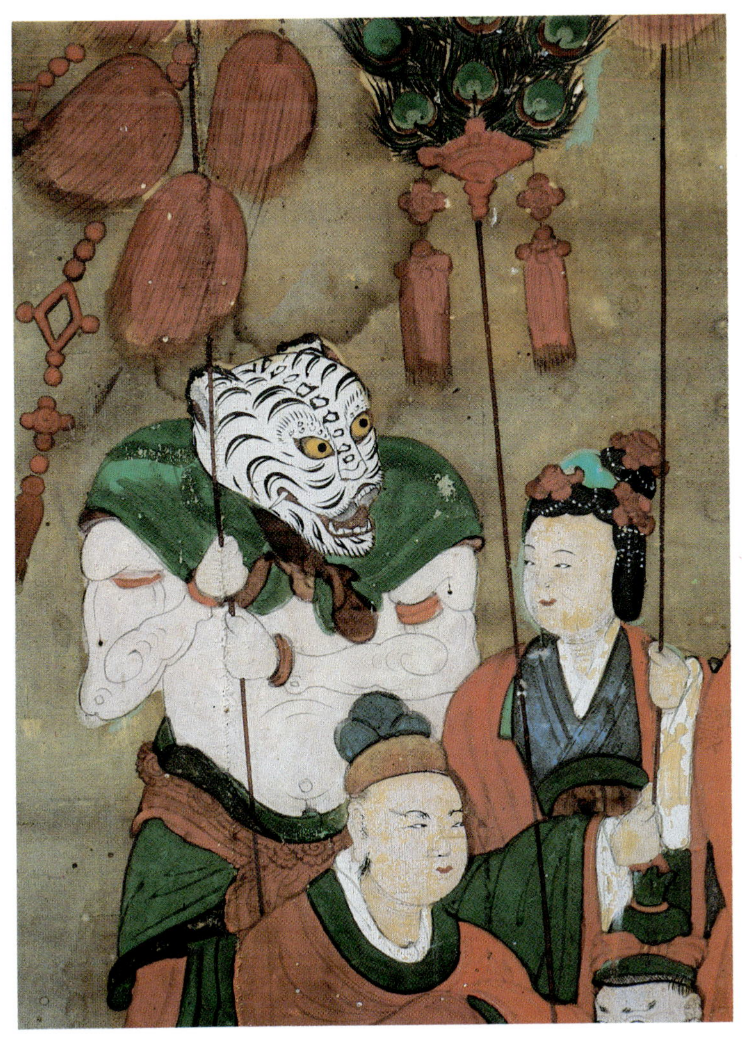

초강대왕(初江大王)**도**(부분)　명부 시왕도 가운데 제2 초강대왕의 부분도로 명부의 권
속인 시녀, 시동과 마면상(馬面像)이다.

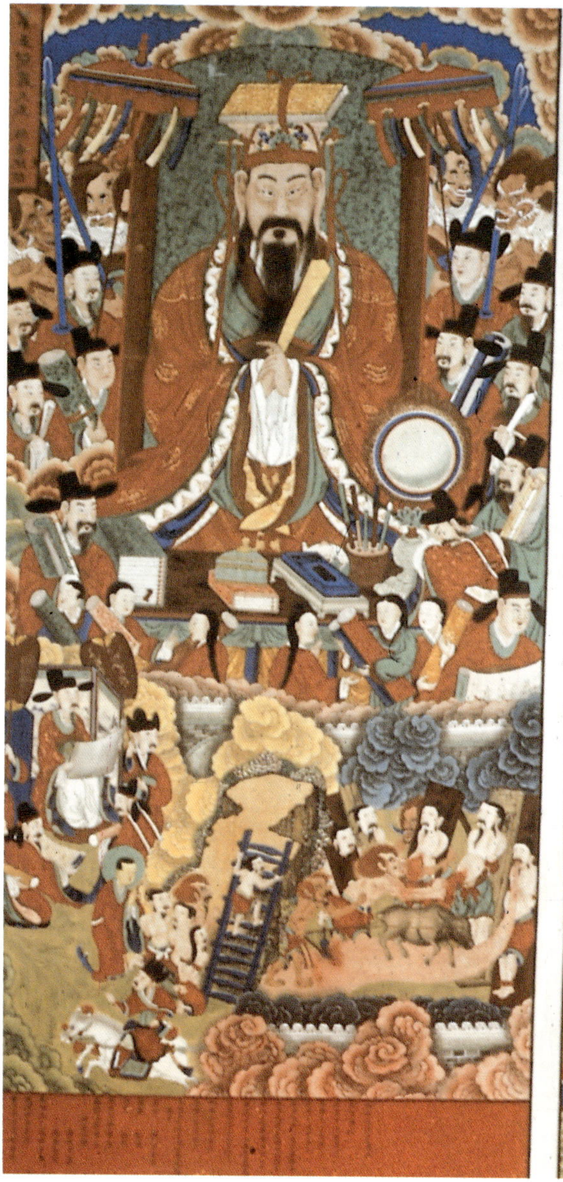

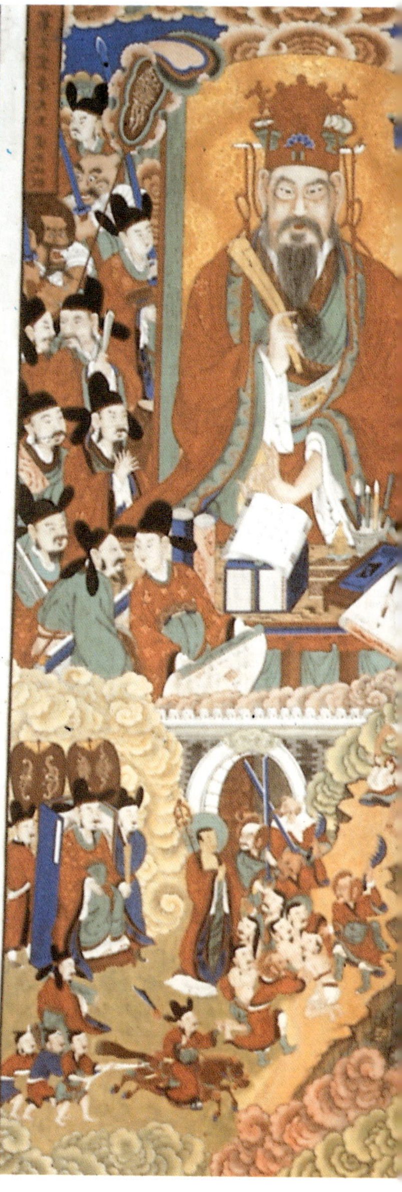

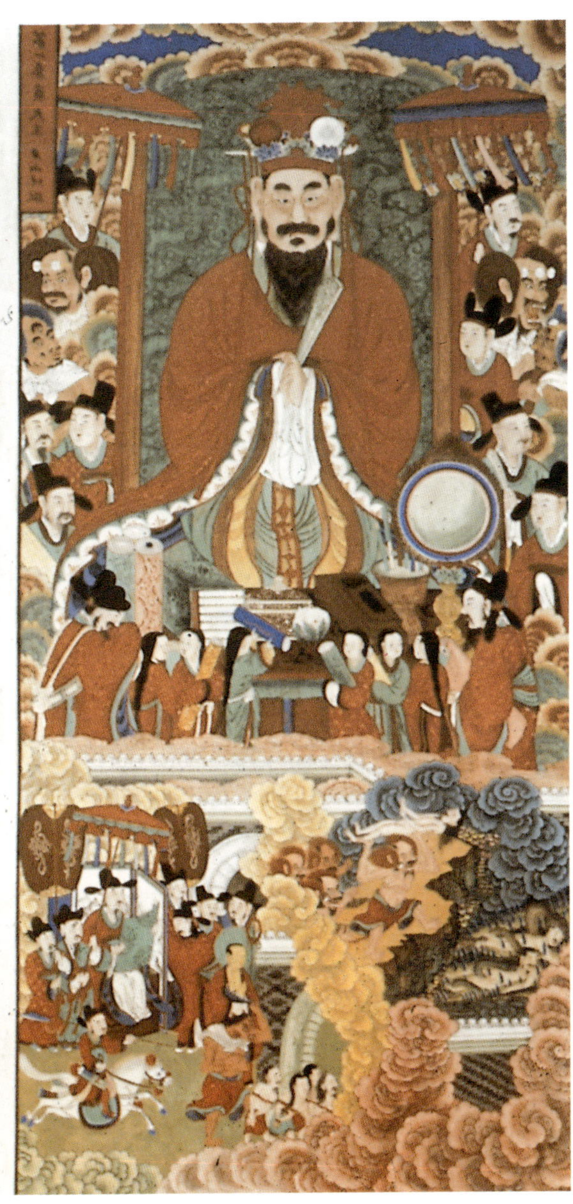

명부 시왕(十王) 제일 왼쪽은 염라대왕, 중앙은 변성대왕, 오른쪽은 태산대왕이다. 그림의 위쪽은 명왕이 각기 권속과 함께 원형의 업경대에 비추어진 죄목을 근거로 심판하는 광경이고, 아래는 심판에 의하여 지옥에 떨어진 인간들의 모습을 묘사하였다. 그러나 지옥에는 반드시 지장보살을 묘사하여 지옥중생을 구제하겠다는 지장보살의 서원을 나타내고 있다.

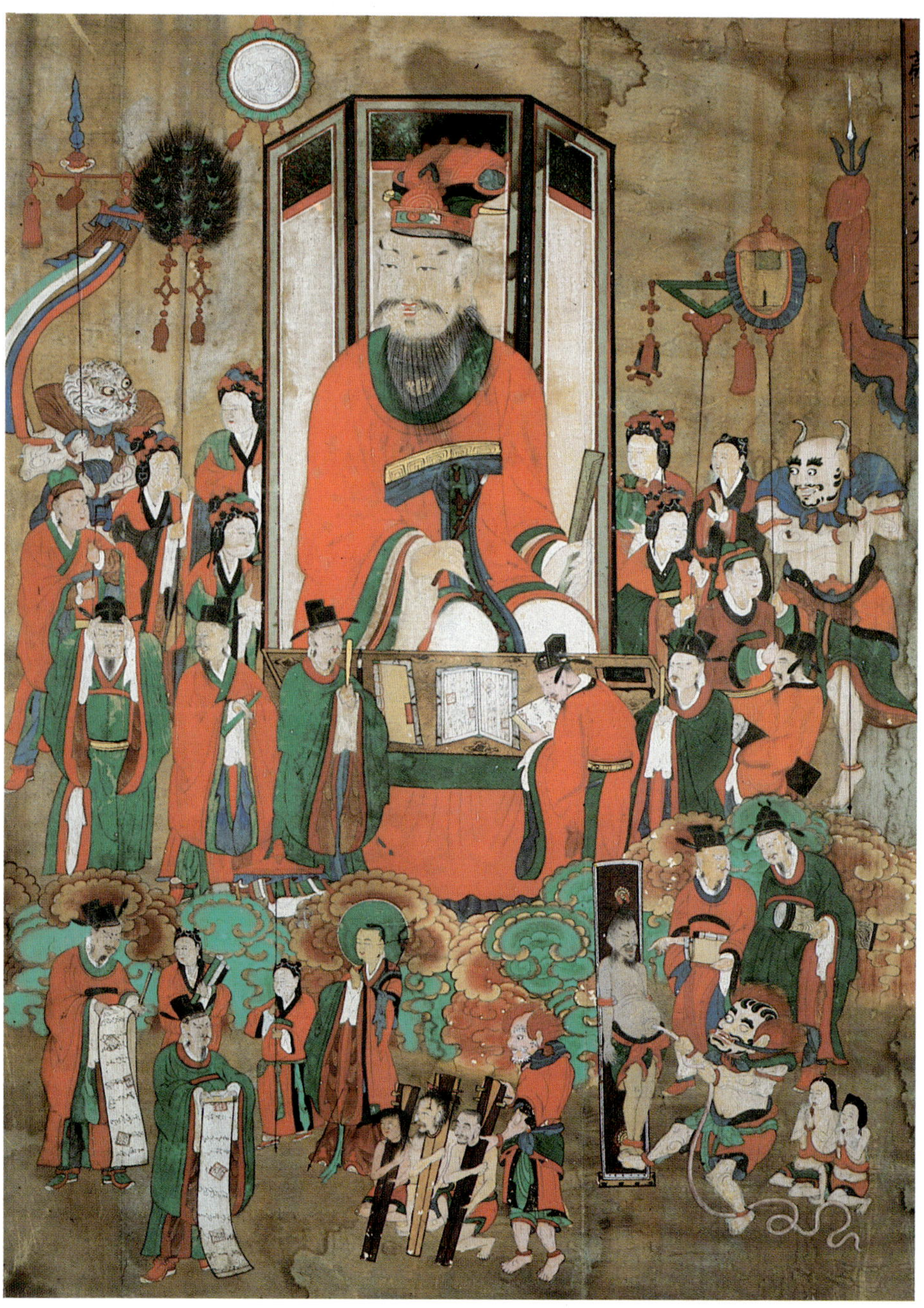

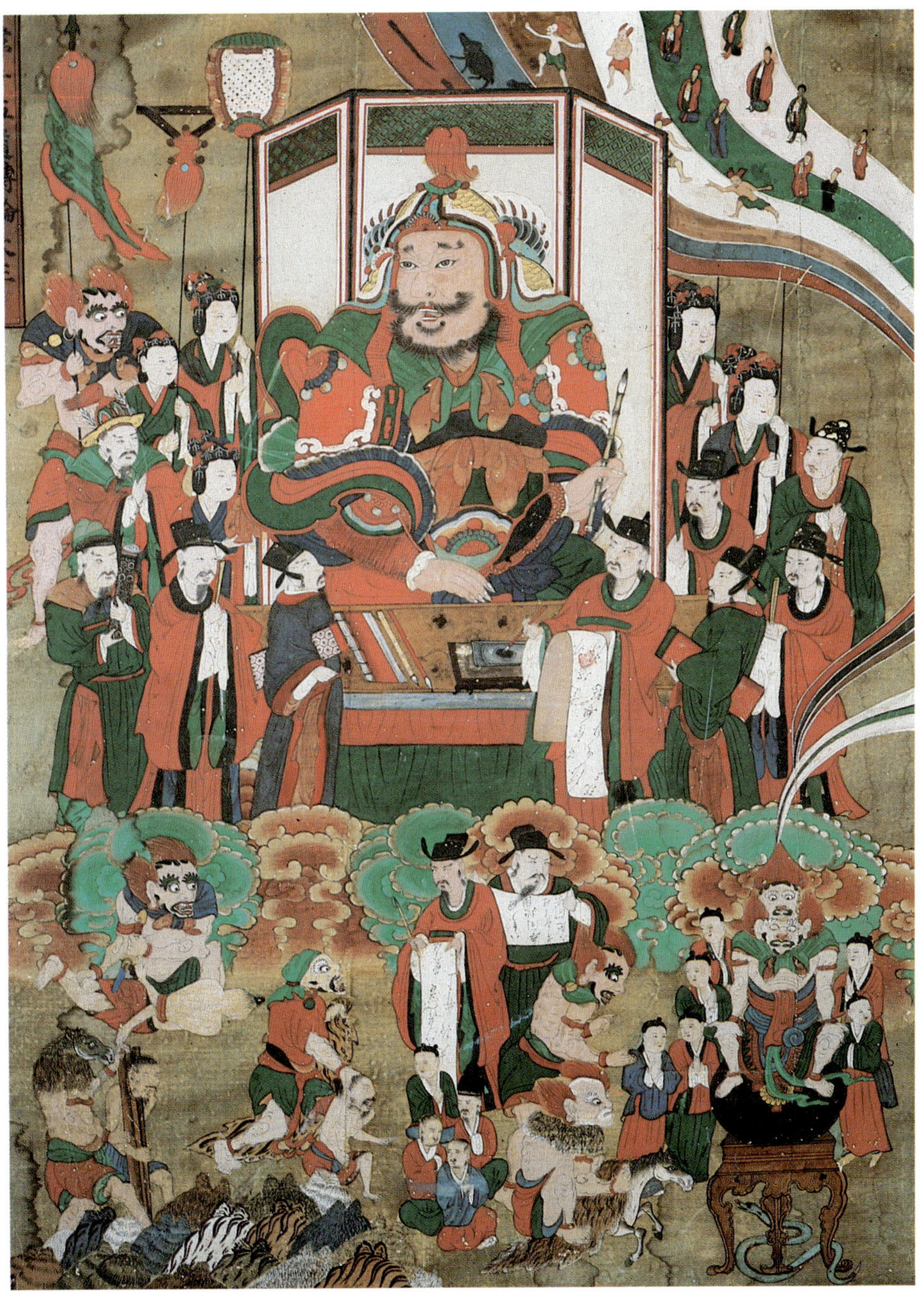

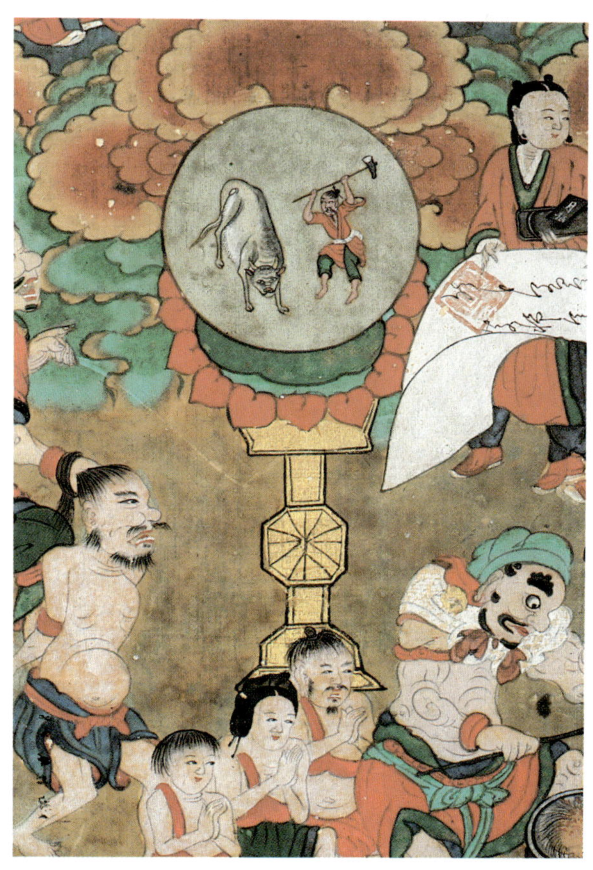

초강대왕 명부 시왕 가운데 제2대왕이다.(앞 왼쪽)
오도전륜대왕 명부 시왕 가운데 제10대왕이다.(앞 오른쪽)
업경대(業鏡台) 명부 시왕도 가운데 부분도이다. 명부의 심판은 이 업경대에 비추어진 죄상을 증거로 하여 행해진다고 한다. 업경대에 심판받는 자가 전생에 했던 도살 행위가 비춰지고 있다.(위)

지장탱화(地藏幀畫)

　지장탱화는 시왕탱화와 더불어 명부전에 봉안되는 탱화이다. 명부전에는 지장보살을 주불로 하고 그 좌우 보처로 도명존자와 무독귀왕을 봉안하고 그 좌우에 시왕상을 봉안한다. 이 때 지장보살상의 후불탱화가 지장탱화이며 시왕의 후불탱화가 시왕탱화이다.

　지장탱화의 일반적인 도설 내용을 보면 중앙에 지장보살상, 좌우에 도명존자와 무독귀왕을 도설하고 그 주위에 명부 시왕과 사자, 장군, 졸리상을 배치하고 사방에 사천왕상을 안배한다. 이처럼 지장 신앙은 시왕 신앙과 밀접한 관계이며 시왕 신앙이 중심이 될 때는 시왕탱화가 되고 지장 신앙이 중심이 되었을 때는 지장탱화가 된다. 이러한 지장 신앙은 지옥 중생의 구제라는 특성으로 하단 신앙인 영단탱화의 전개를 가져온다.

66, 67쪽 사진

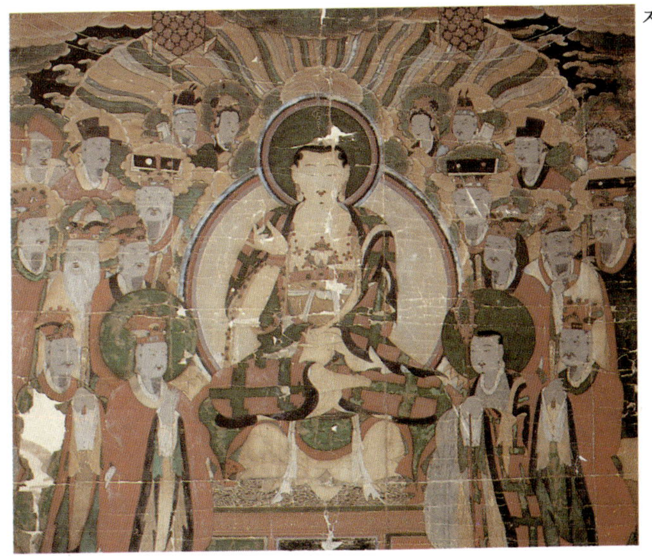

지장회상도　중앙에 지장보살, 좌우에 도명존자와 무독귀왕, 명부 시왕, 판관, 녹사 등의 명부 권속이 표현되었다.

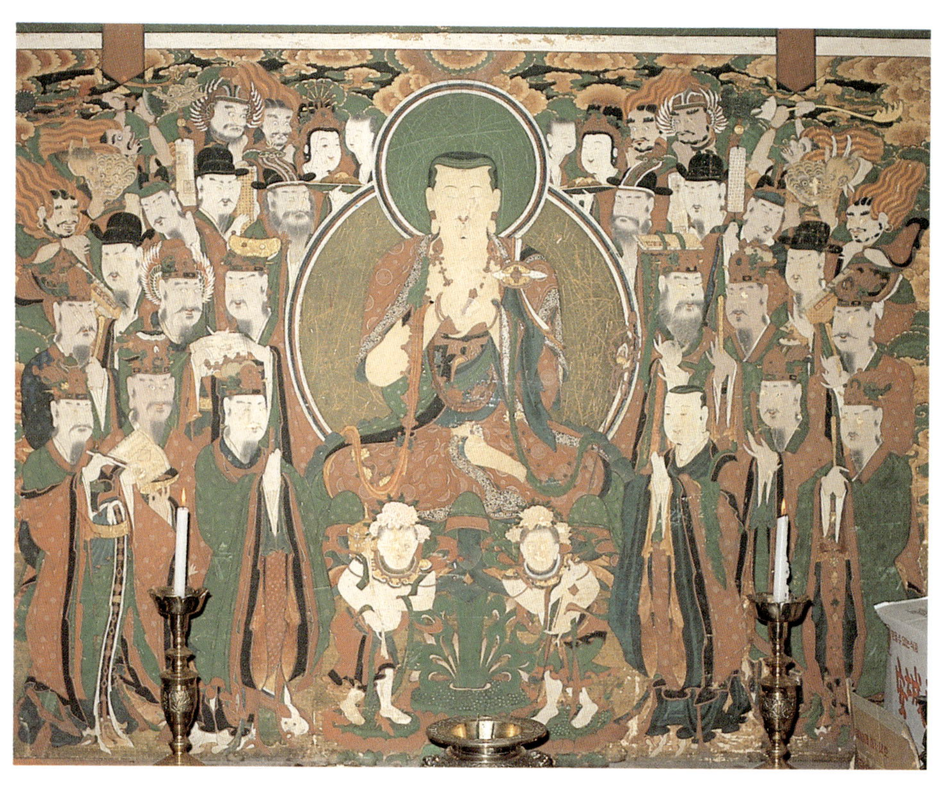

지장회상도 눈을 내리 뜬 지장보살을 중심으로 좌우에 명부계의 권속들이 배치되었다. 지장상의 대좌 좌우에 이부동자(二府童子)가 표현된 점이 특이하다.

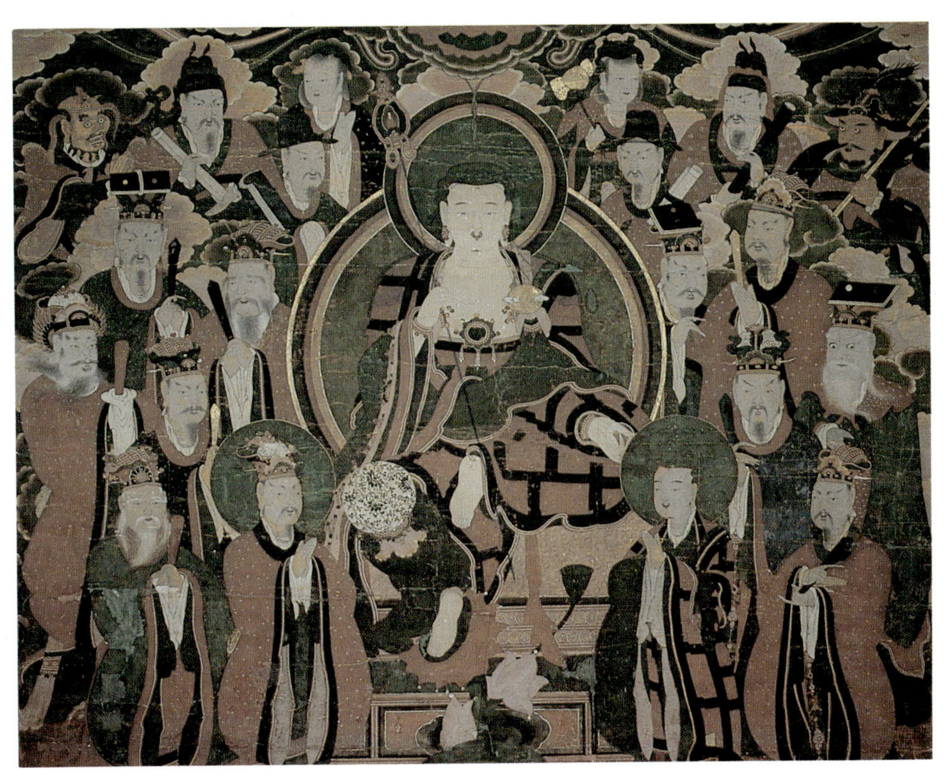

지장회상도 송광사의 지장보살은 오른손에 석장을 쥐고, 대좌 위에서 유희좌의 일종
인 안좌를 취하고 있다.

하단 신앙과 그 탱화의 분화

하단(下壇)으로서의 영가단(靈駕壇)은 조상 숭배와 연결되는 신앙이다.

이러한 조상 숭배의 한 방법인 조상의 영가가 극락왕생하기를 바라는 정토 신앙과 결부된다. 따라서 극락왕생을 도설한 탱화는 상단인 극락전 후불탱화로 모셔져야 될 것으로 생각되지만 대개 하단에서 많이 볼 수 있다.

하단은 대체로 불전의 왼쪽이나 오른쪽의 벽면에 설치된다. 하단 전면에 영가의 위패나 사진을 봉안하고 그 뒷면에 탱화를 거는데 이 탱화를 가리켜 감로탱화(甘露幀畫)라고 한다.

이러한 감로탱화는 「우란분경(盂蘭盆經)」의 변상도와 같은 성격을 지닌다. 그 도설 내용과 구성을 보면, 상단 중앙에 7여래상을 도설하고, 그 하단에 7여래에게 공양하는 성반(盛飯)을, 그리고 그 하단에는 의식승(儀式僧)의 제의(祭儀) 모습을 그린다. 또 그 아래에는 아귀(餓鬼) 2상을, 그리고 그 아래 좌우에는 6도도(六途圖)로 속세의 여러 가지 생활상을 묘사하였다. 7여래의 좌우에는 극락접인도(極樂接引圖)와 극락래영도(極樂來迎圖)를 도설해 놓은 정교한 체계를 지니고 있어 체계적인 밀교의 성격을 강하게 지니고 있음을 볼 수 있다.

이것을 대표적인 하단 의식인 시식의례(施食儀禮)의 의궤에 따라 살펴보자. 먼저 7여래의 역할과 그 명칭을 살펴보면, 탐심을 버리고 법재(法財)를 얻게 하는 다보여래(多寶如來), 모든 악도(惡道)를 버리고 수의초승(隨意超昇)케 하는 보승여래(寶勝如來), 누추한 형상을 떠나 원만한 상호(相好)를 얻게 하는 묘색신여래(妙色身如來), 6범신(凡身)을 버리고 허공신(虛空身)을 깨닫게 하는 광박신여래(廣博身如來), 모든 두려움을 버리고 열반의 즐거움을 얻게 하는

이포외여래(離怖畏如來), 인후(咽喉)가 잘 열려 감로(甘露)의 맛을
알게 하는 감로왕여래(甘露王如來), 생각에 따라 극락세계에 왕생하
게 하는 아미타여래(阿彌陀如來)이다.

또 시식편 대령의(對靈儀)에서 거불(擧佛)하는 감로탱화의 중심
불, 보살은 극락도사 아미타불(極樂道師阿彌陀佛), 좌우보처 양대보
살(左右補處兩大菩薩:관음, 세지), 접인망령 인로왕보살(接引亡靈引
路王菩薩)이다.

아미타불은 관음과 세지의 양대 보살의 호위를 받으며 영가를
극락으로 맞이하고 인로왕보살은 극락에 접인(안내)하는 보살이라
하여 신앙한다. 이 내용을 도설화한 것이 곧 극락래영도와 극락접인
도이다.

특히 감로탱화의 맨 아래에 육도중생의 생활상을 묘사하고 있어   70, 71쪽 사진
과거의 우리나라 생활 풍속을 살펴볼 수 있는 점이 주목할 만하다.
곧 감로탱화는 생전에 지은 죄과에 따라 명부의 시왕들에게 심판을
받아 지옥에 떨어지는 것을 예견하고 죄를 짓지 않음으로써 그 고통
에서 구제된다는 신앙에서 성립된 것이라고 할 수 있다.

또 하단 탱화와 관련하여 극락구품도(極樂九品圖)를 생각할 수
있다. 이 탱화는 이상 세계를 찾는 흔구정토 신앙을 표현한 것으로
극락래영도나 접인도에서 한 단계 진전하여 극락세계의 구체적인
광경을 도설화한 것이다. 극락구품도란 말 그대로 극락을 상품상생
(上品上生), 상품중생, 상품하생, 중품상생, 중품중생, 중품하생, 하품
상생, 하품중생, 하품하생의 아홉 가지 모습으로 나누어 도설화한
것이나, 실제로는 아홉 부분으로 구분된 그림은 구품도 가운데 5품도
와 그에 관련된 설법도 등의 그림이다. 이 극락구품도가 봉안 배치
되는 위치가 정확하게 정해져 있는 것은 아니나 감로탱화와 밀접한
관계가 있으므로 하단 가까이에 거는 것이 타당할 것이다.

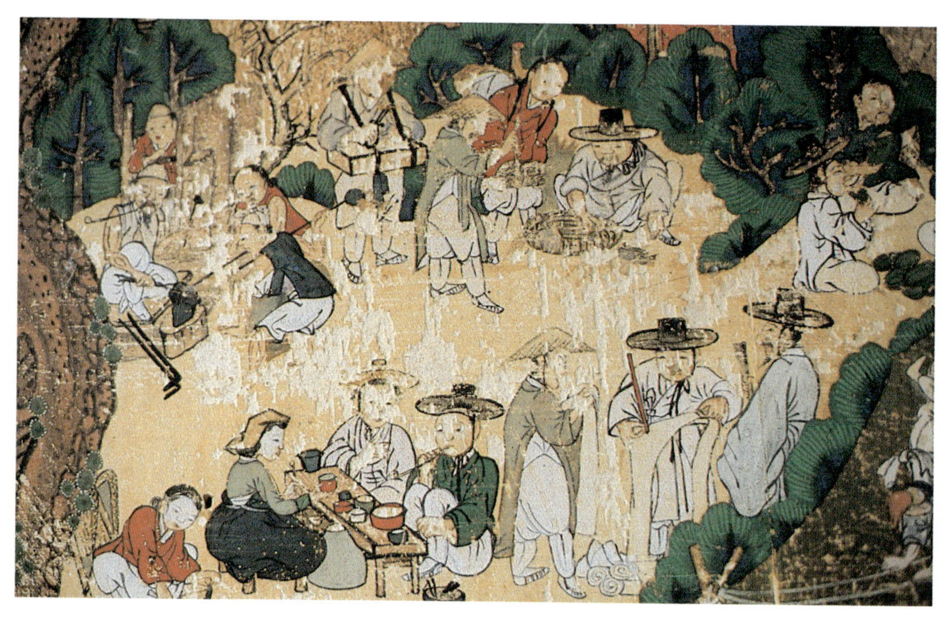

감로왕탱(부분)　하단 탱화인 감로왕탱에는 당시의 생활상을 엿볼 수 있는 장면이 풍속화처럼 곳곳에 그려져 있다. 왼쪽은 장터 광경, 오른쪽 위는 한량들의 모습이고, 오른쪽 아래는 여름날 참외를 깎아 먹는 모습이다.

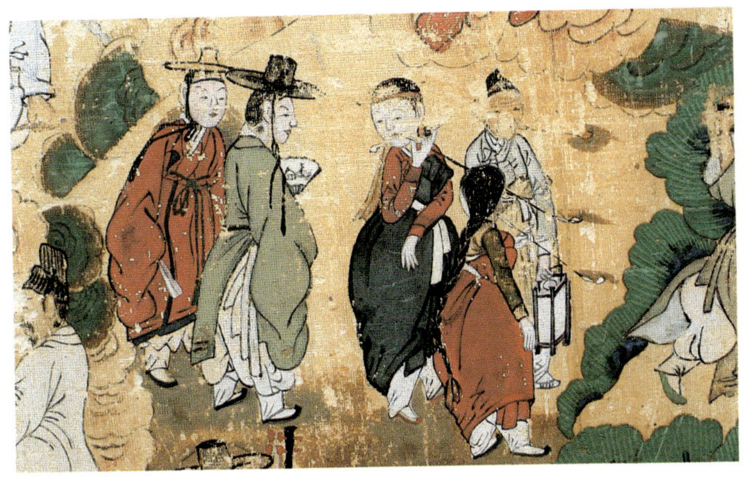

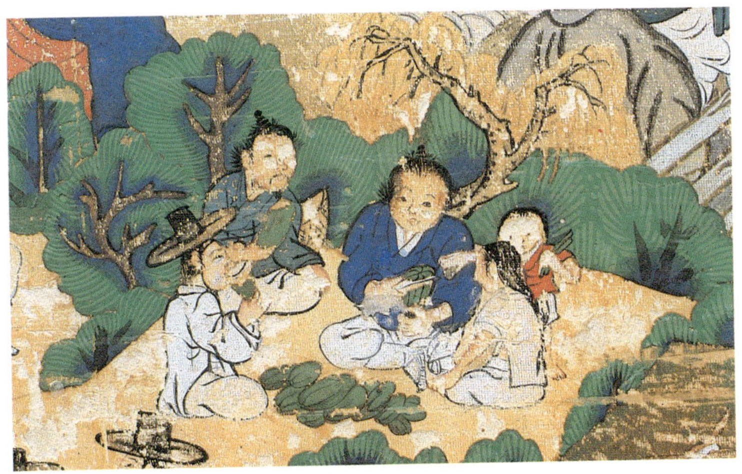

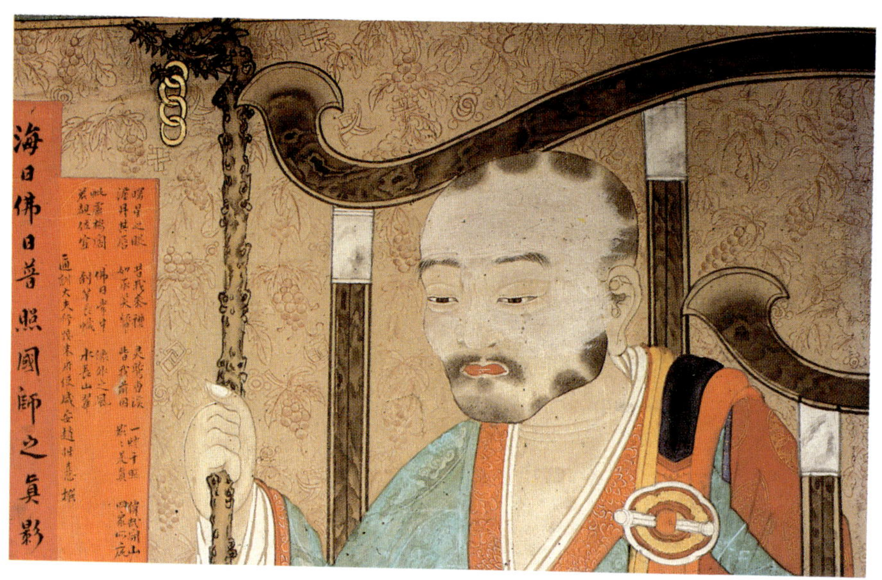

72, 73쪽 사진
74, 75쪽 사진

이상에서 살펴본 불화 외에도 조사(祖師)의 영정(影幀)이나 과거 불탱을 비롯한 현왕탱 등이 있다.

이로써 현재까지 사원에 전해 오고 있는 탱화를 중심으로 하여 한국의 불화를 살펴보았다. 그 결과 한국의 불화는 곧 한국 불교 신앙의 표상이며, 이처럼 다양한 불화의 내용은 불교의 다양성을 의미한다고 하겠다. 그러나 이러한 다양성 속에서도 상, 중 하단의 3단법의 질서 위에 전개되고 있으며 이는 다시 각 단의 상호 관련 속에서 전개되고 있음을 알 수 있다. 따라서 이들 탱화는 궁극적으로 불교의 근본 진리를 표상하고 있는 상단 신앙에 귀일되고 있는 것이다. 그러므로 이는 곧 한국 불화의 밀교적 성격을 잘 보여 주는 것이라고 하겠다. 따라서 탱화의 체계적인 도설은 밀교의 만다라(曼茶羅)라고 할 수 있다.

76, 77쪽 사진

한국의 탱화는 그 하나하나가 만다라지만 그러면서도 또 전체는 구조상 하나로 통일되는 거대한 만다라를 형성하고 있다고 할 수 있다.

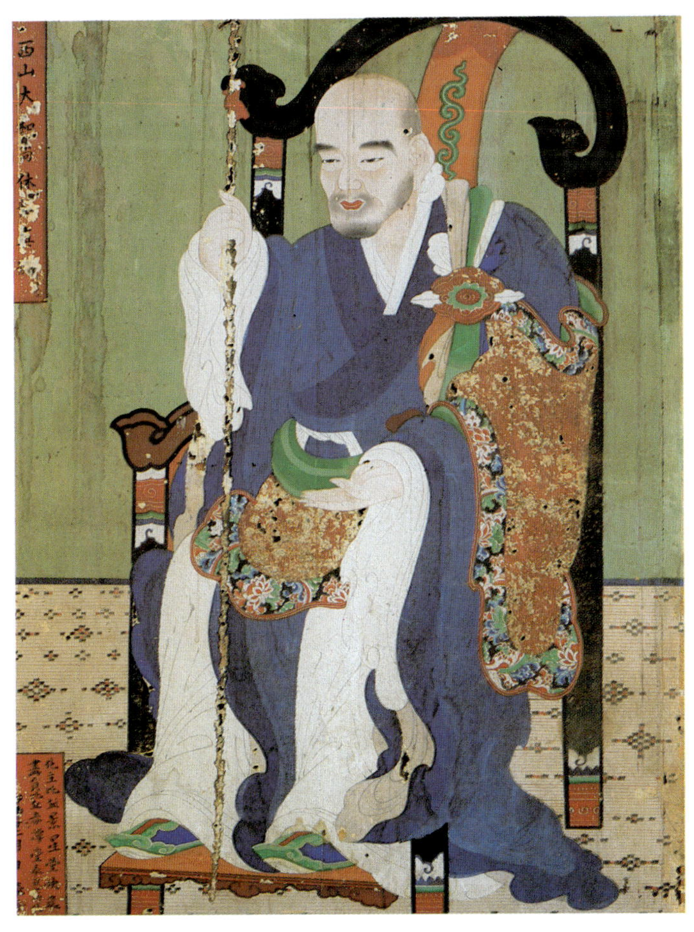

조사영(祖師影)　왼쪽은 흥국사에 소장되어 있는 보조국사의 영정이고, 오른쪽은 마곡
　사에 소장되어 있는 서산대사의 영정이다.

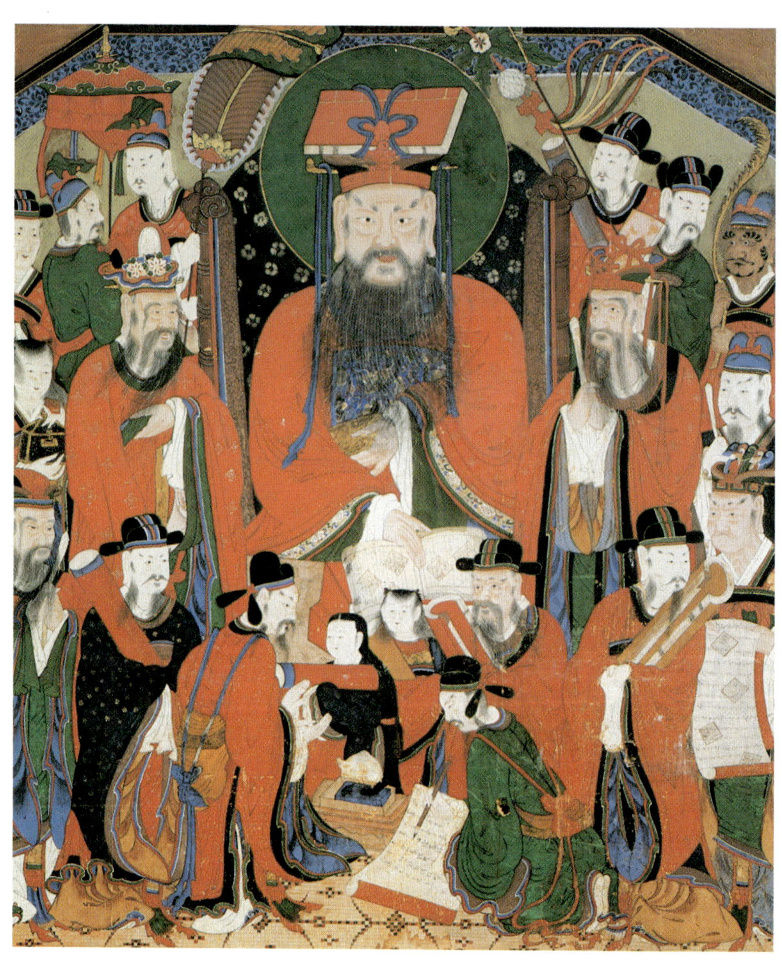

현왕탱(現王幀) 사람이 죽은 지 3일 만에 심판을 받는다는 명부의 왕이다. 그려진 형태
는 염라대왕과 거의 비슷하다.(왼쪽, 오른쪽)

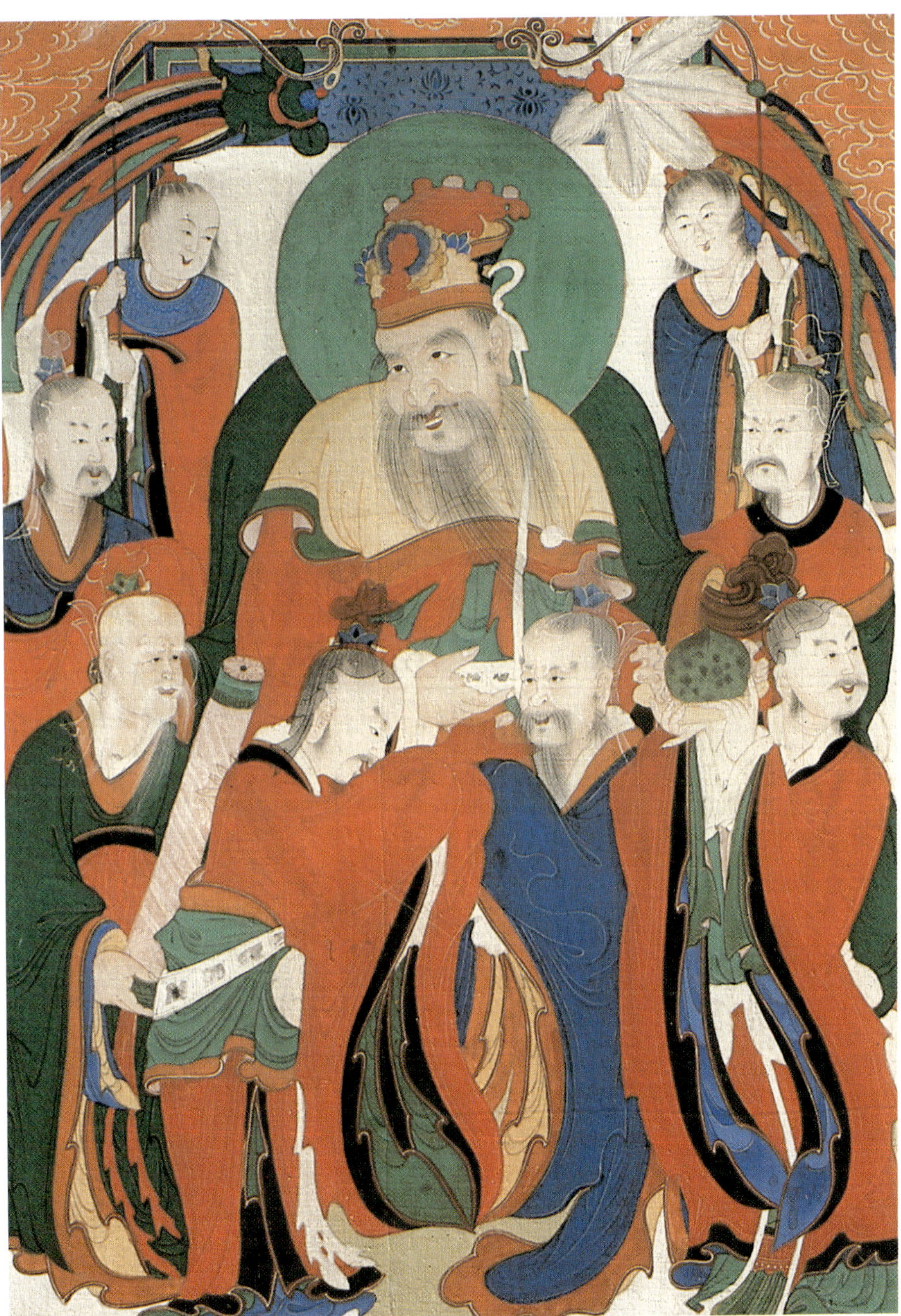

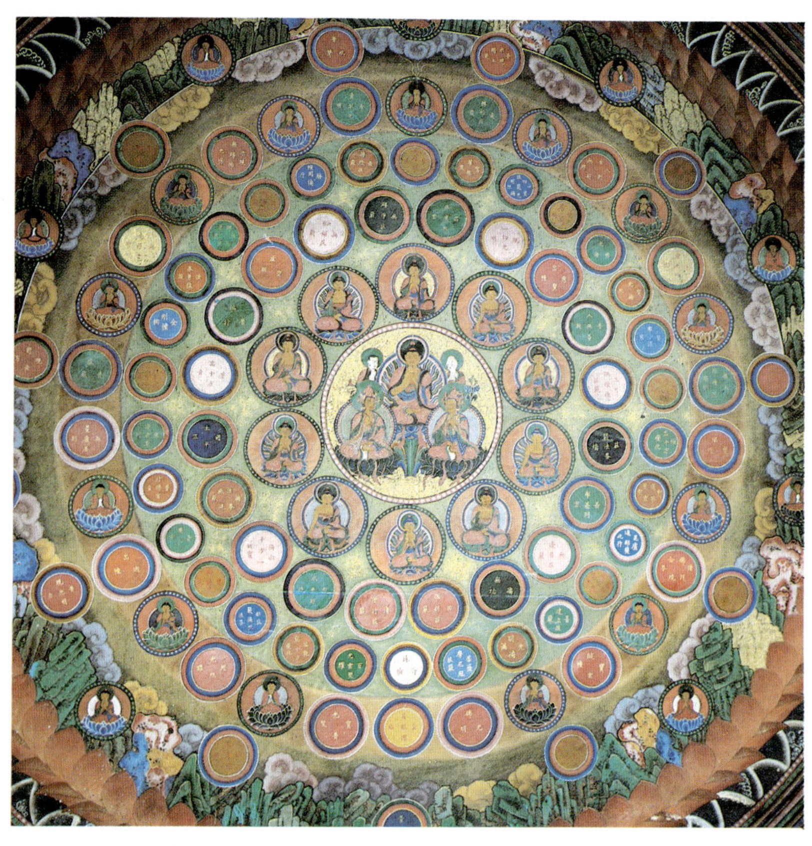

아미타정토 시방여래칭양도 중앙에 아미타 삼존을 묘사하고 그 외방에 시방제불을 나타내고 10여래를 배열하였다. 그 외방에 무수한 여래가 아미타의 국토를 칭양함을 나타내고 있다.

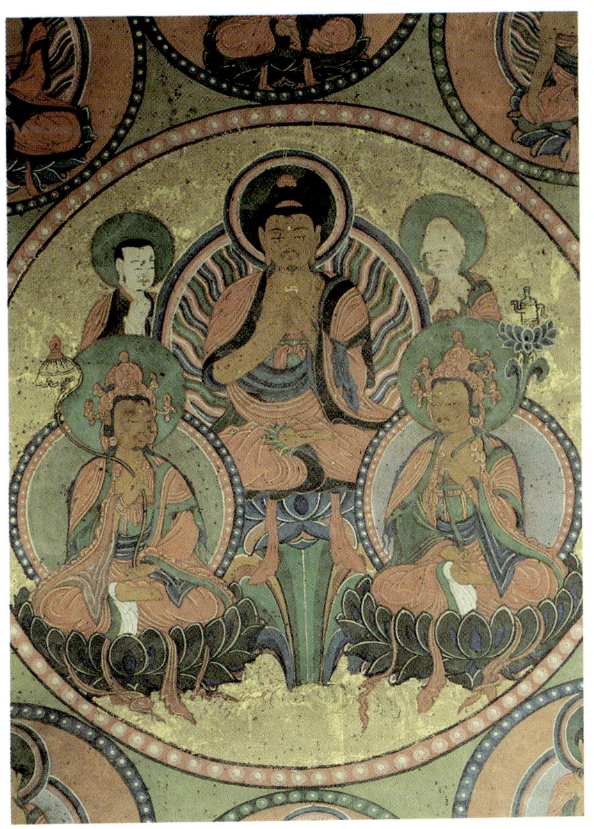

아미타정토 시방여래칭양도(부분)   이 삼존을 중심으로 사방에 10여래가 배열된다.

한국 불화의 내용과 종류

영산회상탱화(靈山會上幀畫)

　영산회상이란 석존이 영축산에서 「법화경」을 설한 법회를 일컫는 말이나 보다 넓은 의미로는 아마타정토에 대응한 미타회상(彌陀會上), 미륵정토에 대응한 용화회상(龍華會上)과 같이 대승불교가 성립 발전하면서 형성된 여러 부처의 사상과 정토 관념에 수반되는 회상(會上;법회)에 대한 대칭 개념으로서 석가정토와 그에 대응한 영산회상이라고 할 수 있다. 따라서 석가의 설법을 통한 불교의 표현이 영산회상이며 이를 도설화한 것이 영산회상탱화이다. 특히 영산회상탱화는 「법화경」의 신앙을 근거로 도설한 것이기에 「법화경」에 대한 신앙의 표현이 곧 이 탱화이다.

　특히 석존의 8상(相) 가운데 전법륜상의 성격을 띤 「법화경」에 대한 신앙은 그 공덕이 뛰어나서 수지와 독송뿐만이 아니라 사경(寫經)하는 사경 신앙이 성행하였으며, 아울러 죽은 사람의 영혼 천도 의식 때 널리 행해지던 대령산법석(對靈山法席)은 이 경전을 근거로 하는 신앙의 예이다. 또 「석문의범(釋門儀範)」이나 조선

경종 때(1723년) 엮은 「범음집(梵音集)」의 영산작법(靈山作法) 절차를 보면 영산회상의 불보살을 봉청(奉請)하여 영산회상을 열고 그 회상에 동참할 것을 발원한다. 곧 궁극적으로 영산회상을 구현하여 법화삼매(法華三昧)에 이르려는 상징적 의식이라고 할 수 있다. 이는 영축산에 석존이 항상 주처하며 설법하고 있다는 「법화경」 여래수량품에 근거한 것이다.

이와 같이 「법화경」에 의거하는 서사(書寫), 독송, 수지, 의례 행위 등의 신앙 결과 나타난 것이 8권 총 28품의 사경과 그 내용을 묘사한 변상도 또는 영축산에서 석존이 「법화경」을 설하고 있는 모습을 도설한 영산회상도 등이라 할 수 있다. 이는 영산회상을 현실에서 구현하여 그에 참여하고 더 나아가서는 석가정토에 왕생한다는 강한 신앙심의 구체적인 표현이다.

따라서 본존불로 석가모니불을 모신 불전의 후불탱화는 대개 영산회상을 나타낸 것이다. 곧 영산회상탱화인 것이다.

한국 사원에 전해 오는 대웅전 후불탱화인 영산회상탱화의 구도를 살펴보면 대개 다음과 같다.

중앙 연화좌대(蓮花座台) 위에 설법인(說法印)을 한 석가모니불, 그 좌우에 보현보살과 문수보살, 그 조금 뒤에는 대세지보살과 관음보살, 그 위에 제장애(除障碍)보살과 금강장(金剛藏)보살이 있다. 여래상 신광(身光)의 윗부분 좌우에는 미륵보살과 지장보살이 있다. 그리고 탱화의 네 귀퉁이 중에서 오른쪽 위에는 광목천왕(廣目天王), 아래에는 지국천왕(持國天王)이 있고, 왼쪽 위에는 비사문천왕(毘沙門天王), 아래에는 증장천왕(增長天王)이 도설되어 있다. 또 여래상 두광 좌우에 10대제자를 도설했고 두광 위의 좌우에는 화불(化佛) 2상을 도설하여 석가여래상을 중심으로 8대보살, 4천왕, 10대제자, 2화불이 구성되어 있다.

그러나 조성된 불국사의 대웅전 후불탱화(1769년)나 직지사 대웅전 후불탱화(1755년)와 같이 그 위치를 약간 변형시킨 것도 있고 그 내용을 더 간략하게 도설한 것도 있다. 곧 석가여래불을 중심으로 문수와 보현의 두 보살, 가섭과 아난의 2대 제자, 4천왕상만을 묘사한 경우, 그리고 전북 완주군 송광사 대웅전 후불탱화와 같이 여래상, 좌우 보살상, 4천왕만을 묘사하는 등 더욱더 축소된 형태도 있다.

그런데 이러한 예와는 달리 전남 승주군 송광사 영산전의 영산대회상탱화나 해인사 대적광전의 영산회상탱화처럼 본격적인 영산회상의 설법 광경을 자세히 묘사한 탱화도 있다.

1729년 화원(畫員) 의겸(義謙) 등에 의해 조성된 해인사의 탱화 구도를 살펴보면, 석가모니불을 중심으로 좌우에 24위의 보살상을 4단으로 배치했고 여래상의 뒤 좌우에 56위의 비구들이 배치되어 있다. 그리고 두광의 상단에는 천상(天像) 2위(位)를, 그 좌우에는 20위의 신장(神將)상을 배치하고 두광 바로 위에 서운(瑞雲)을, 그리고 그 좌우에 반달 모양을 묘사하고 그 안에 각각 66위, 총 132위의 화불을, 그리고 그 위에는 각각 6위의 화불(총 12위)을 도설했다.

이들 탱화에 나타난 모든 상은 비록 수로 헤아릴 수 있다고 하나 궁극적으로는 무수한 상들을 묘사한 것임을 공간 처리의 기법을 통하여 살펴볼 수 있다. 서운 속에 무수히 나타난 화불은 여래의 설법을 듣는 자의 불심에 따라 무수히 나타난 응현화생불(應現化生佛)이며 여래의 위신력(威神力)의 발현이다. 또한 석가모니불 좌우에 장엄한 모습으로 서 있는 협시보살인 문수와 보현 두 보살은 곧 「법화경」이나 「화엄경」의 법계품(法界品)에 나타나는 석가모니불의 양대 협시보살이다.

「법화경」 서품에 의하면 이 경전의 인연을 역설하는 문수보살과, 자행(自行)의 입장에서 「법화경」의 유통(流通)을 설하는 보현보살은 곧 자(自)가 타(他)로 향하는 지(智)와 타가 자로 오는 행(行)의 표상으로서 자타가 융합하는 귀결을 보여 주는 것이다.

여러 보살, 비구는 부처의 설법을 찬탄하고 유통을 권장하는 무리이며 사천왕과 신중은 부처의 설법 도량을 보호하려는 호법선신으로서의 성격을 도설화한 것이다.

탱화를 이해함에 더 중요한 것은 그 근거가 되는 경전의 구조를 이해하는 일이다. 경의 기본적인 구조는 신(信), 문(聞), 주(主), 중(衆), 시(時), 처(處)의 6성취(成就)이다.

영산회상의 주는 석가모니불이며, 중은 1만 2천의 비구와 운집한 보살이고, 시는 일시(一時)이며 처는 왕사성 기사굴산(耆闍堀山) 중의 영축산이며, 신과 문은 도설된 서운과 각종 상(像)의 상호라고 할 수 있다. 여기서 처와 중은 어떤 실질적인 외적 형상이 아니라 순수한 불자내증(佛自內證)의 드러남이며 일시(一時) 또한 경을 듣는 자에 대하여 항상성을 지닌 현재이다. 또 문과 신은 환희심의 발로로서, 경전 첫머리의 '여시아문(如是我聞)'에서 찾을 수 있다. 아(我)는 그 자체가 무아(無我)이며 여시의 법(法)은 그대로 듣는 자의 것이 되어 설하는 법에 대한 믿음(信)에 의한 환희만이 있을 뿐 설자와 청자의 대립은 사라진다.

이와 같이 영산회상 탱화의 도설은 곧 6성취를 온전히 갖춘 「법화경」의 설법 광경을 그대로 도설한 것이며 더 나아가 석존께서 설하신 모든 경의 설법 광경을 묘사한 것이다. 따라서 한국 사원의 석가모니불 후불탱화는 곧 영산회상탱화라 할 수 있다.

83, 84쪽 사진

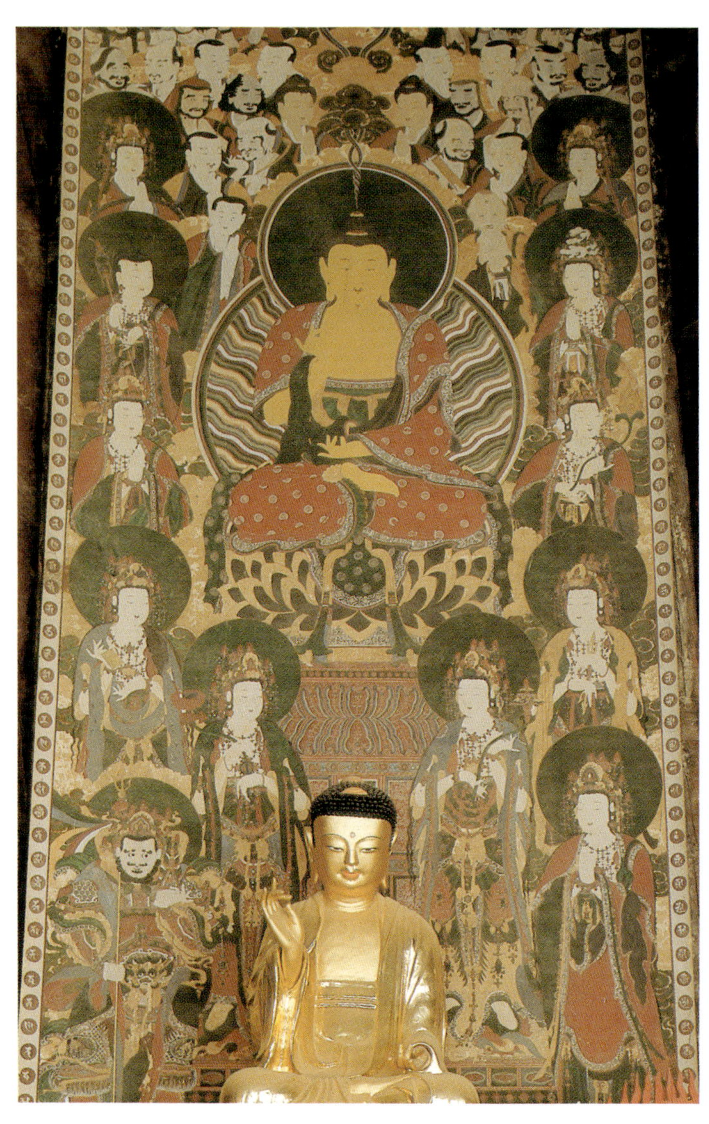

아미타회상도　아미타여래가 극락정토에서 설법하는 광경을 묘사한 것이다. 설자(說
者)인 아미타여래, 문법(問法)의 주관으로서의 보살, 청문중으로서의 제자상, 수호신
으로서의 사천왕, 금강의 위치가 영산회상도와 구분된다.

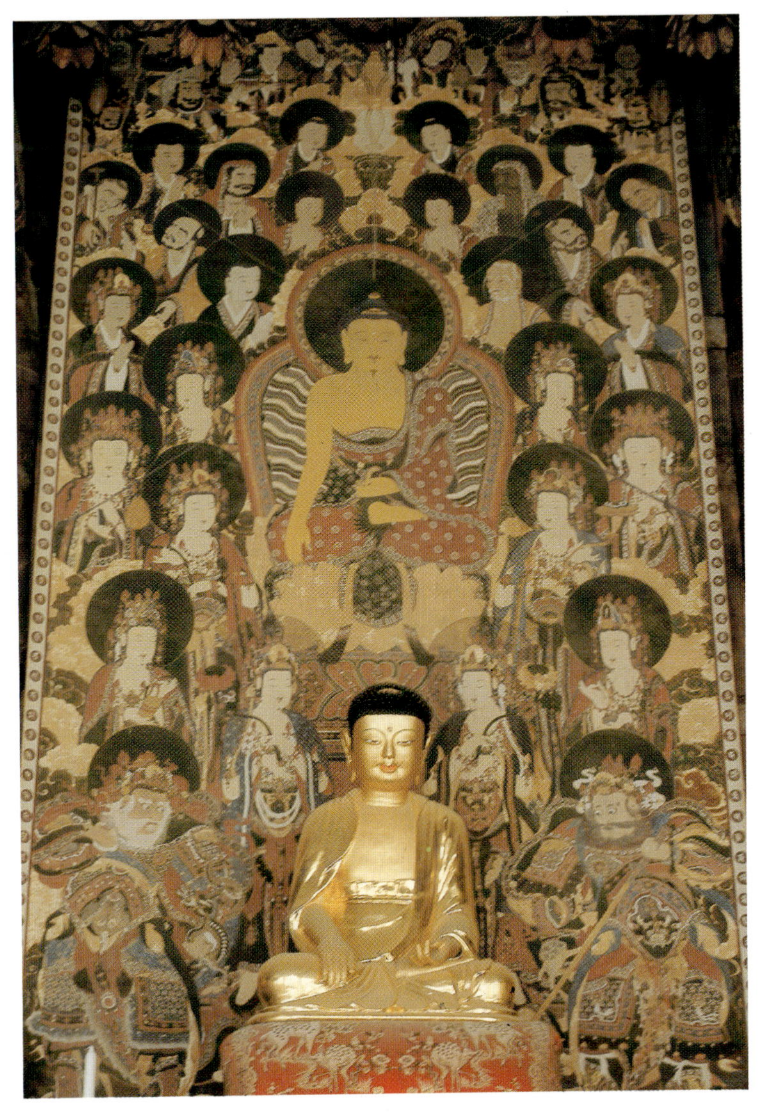

영산회상도　석가모니불을 중심으로 보살, 10대제자, 사천왕, 금강, 용왕 등을 배치한 것이다.

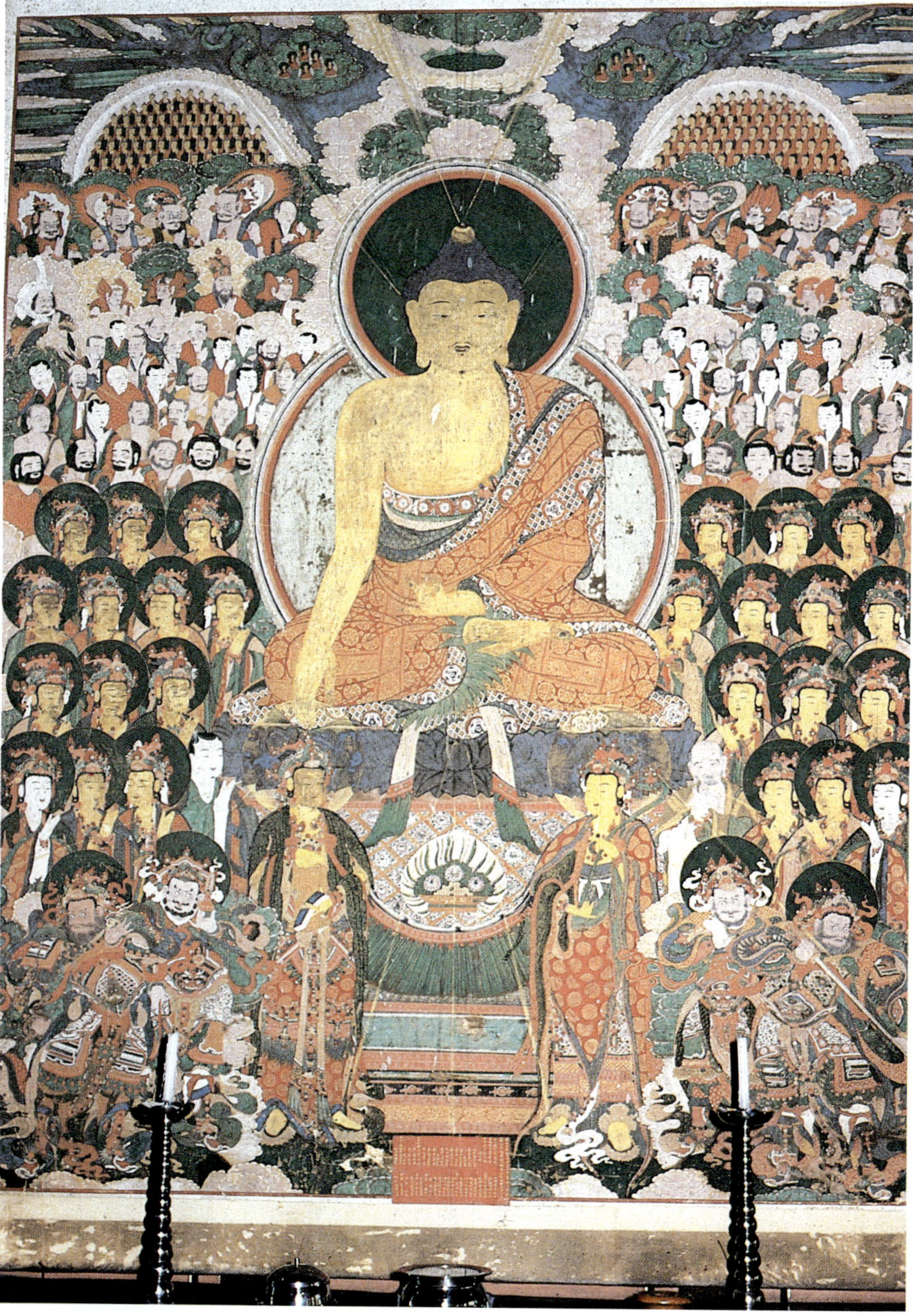

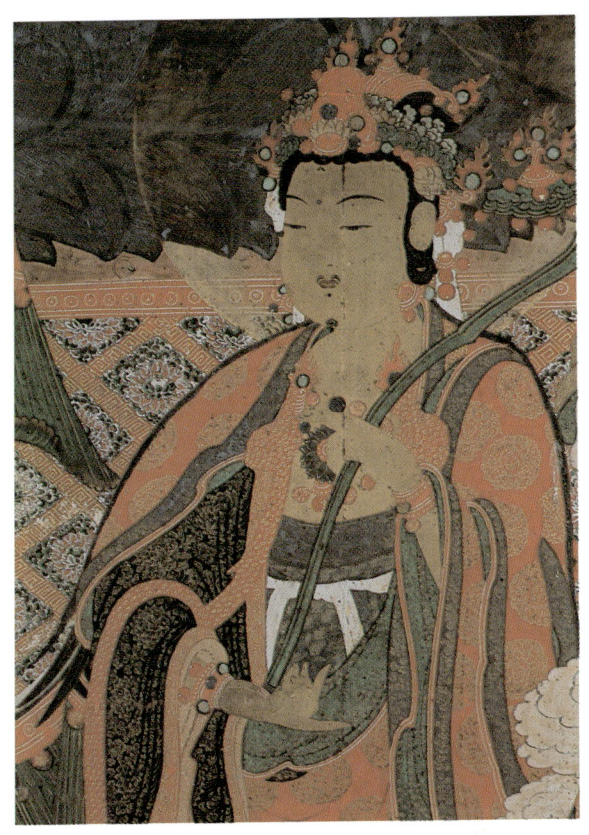

영산회상도 왼쪽은 화면의 윗부분에 무수한 화불을 나타내어 석가 설법의 교화력이 광대 무변한 것임을 표현하였다. 오른쪽은 왼쪽의 부분도로 석가여래의 협시인 문수 보살이다.

아미타탱화(阿彌陀幀畫)

아미타탱화란 서방 극락세계인 아미타불의 정토를 도설화한 탱화다.

정토(淨土)란 예토(穢土:속세)에 대칭되는 개념이다. 대승불교가 성립되면서 그 신앙에 따라 미혹한 중생들을 구제하려는 염원에서 나온 불국토(佛國土)이다.

약사여래의 유리정토, 석가여래의 석가정토, 미륵불의 미륵정토, 아미타불의 아미타정토 등 많은 형태의 불국 정토가 있으나 정토 세계 하면 아미타불의 서방 극락정토를 의미하고, 정토 신앙 하면 아미타 신앙을 지칭한다고 말할 정도로 아미타 신앙은 정토 신앙으로서 우리나라 불교 신앙의 큰 비중을 차지하고 있는 한 형태이다.

소승(小乘)불교가 계율, 고행(苦行)을 통한 자신의 깨달음을 목적으로 하는 자력 신앙이라고 한다면 대승불교의 정토 신앙은 일념 염불 염송(一念念佛念誦)에 의하여 극락정토에 왕생할 수 있다는 타력 신앙이며 이행(易行) 신앙이다.

한국 불교 신앙에서 정토 신앙은 그 차지하는 비중이 매우 큰 것이라 하겠는데 이는 신라의 원효나 의상, 고려의 의천 등 고승 대덕들이 각차의 신앙 내용과 더불어 정토 신앙에 대해 큰 관심을 보이고 있다는 점에서도 잘 알 수 있다.

앞에서도 말한 것처럼 정토 신앙의 대표가 되는 탱화는 서방의 극락 아미타정토의 광경을 도설한 아미타탱화이다.

이는 극락전(미타전 또는 무량수전)의 본존불인 아미타불의 후불탱화로서 장엄된다. 이 밖에도 극락정토에 왕생하려는 신앙에 따라 영단인 하단에 모시는 하단탱화 곧 감로탱화 가운데 극락탱화 또는 극락구품도 등이 있다. 그러나 불전의 후불탱화를 상단탱화라고 한다면 극락탱화나 극락구품도 등은 이와는 다른 성격을 지니는

것 같아 중복을 피하기 위해 여기서는 상단탱화인 극락전 후불탱화
만을 살펴보고, 극락래영도나 극락구품도는 하단탱화인 감로탱화에
서 살펴보기로 한다.

　아미타탱화는 정토삼부인「무량수경」「관무량수경」「아미타경」
등에 나오는 서방 극락세계에서 아미타여래가 설법하고 있는 광경　　89쪽 사진
을 도설화한 것이다.

　이러한 아미타탱화는「정토삼부경」의 내용에 따라 대개 몇 가지
의 구도 형태가 있다.

　첫째, 아미타여래와 좌우 보처인 관세음보살과 대세지보살만을　　91쪽 사진
그려 설법의 광경만을 그린 경우 둘째, 아미타불과 관음, 세지 두　　90쪽 사진
보살 외에 여러 보살상과 사천왕, 성문중(聲聞衆)을 그려 청법자
(聽法者)와 설법자를 아울러 그린 경우 셋째, 앞의 양식에 극락의　　92, 93쪽 사진
내영 광경과 더 많은 성중을 묘사하여, 설법청문도(說法聽聞圖)에
왕생의 환희인 극락래영도를 아울러 그린 경우 등이 그것이다.

　또 약간 특이하기는 하나 동화사(桐華寺)의 탱화처럼 위의 도설에
화불(化佛)인 시방(十方)의 제불과 사천왕, 신장, 천중 및 많은 비구
중 등 훨씬 자세하게 묘사된 탱화도 있다.

　이들 탱화의 근거가 된「정토삼부경」에 나타난 정토의 모습을
좀더 자세히 살펴보면 다음과 같다.

　무량수경　미타의 정토는 수림(樹林)과 연못이 모두 일곱 가지
보석으로 장엄되어 바람이 불 때마다 미묘한 소리가 나는 등 그
장엄이 극에 달하고 있다.

　아미타경　「무량수경」의 묘사와 거의 비슷하게 장엄된 불국토이
나 거기에 하늘 음악과 극락조(極樂鳥)의 우아한 소리를 더하고
있다.

　관무량수경　마음을 통일하여 정토를 관상하는 방법과 범부가

극락왕생할 수 있는 방법을 설하고 있으며 정토의 모습은 위 두 경과 비슷하다.

이와 같은 경전에 묘사된 극락정토의 모습은 본원 성취의 세계이며, 극락의 장엄 공덕은 원심(願心)의 상징이다. 원심 곧 정토 관념의 변화에 따라 정토의 모습은 달라질 수 있다.

이러한 점에서 한국의 정토도는 나름의 특성을 지니게 되었는데, 아미타탱화가 영산회상탱화와 거의 유사하게 나타난다는 것이다.

다만, 여래상의 인상(印象)이 영산회상탱화의 여래상 인상과 다르고 좌우 보처 보살상이 영산회상탱화의 문수, 보현보살이 아니라 관음, 세지보살이라는 점에 차이가 있다. 또 두 탱화의 여래상이 모두 설법상이라는 점에서는 같으나, 신중이 호법선신으로서의 역할을 하는 영산회상탱화와는 달리 아미타탱화의 회중은 아미타불이 서원을 세우고 그 원에 따라 수행하여 장엄된 정토의 무리, 곧 그 행업(行業)의 과보에 의해 생겨났다고 한다.

이처럼 두 탱화가 관념의 차이는 있으나 거의 유사한 것은 한국 정토교(淨土敎)의 교학적 성격이 단순한 타력 신앙이 아닌 자성미타(自性彌陀)의 방향을 지향함으로써 윤리적 성격을 강하게 띠고 있는 데에 기인한 것이다.

그러나 신앙적인 면에서는 이 밖에도 아미타래영도나 극락정토도 등을 도설하고 있어 타력 신앙의 경향을 보이고 있다. 이러한 신앙의 형태는 감로탱화에서 잘 나타난다.

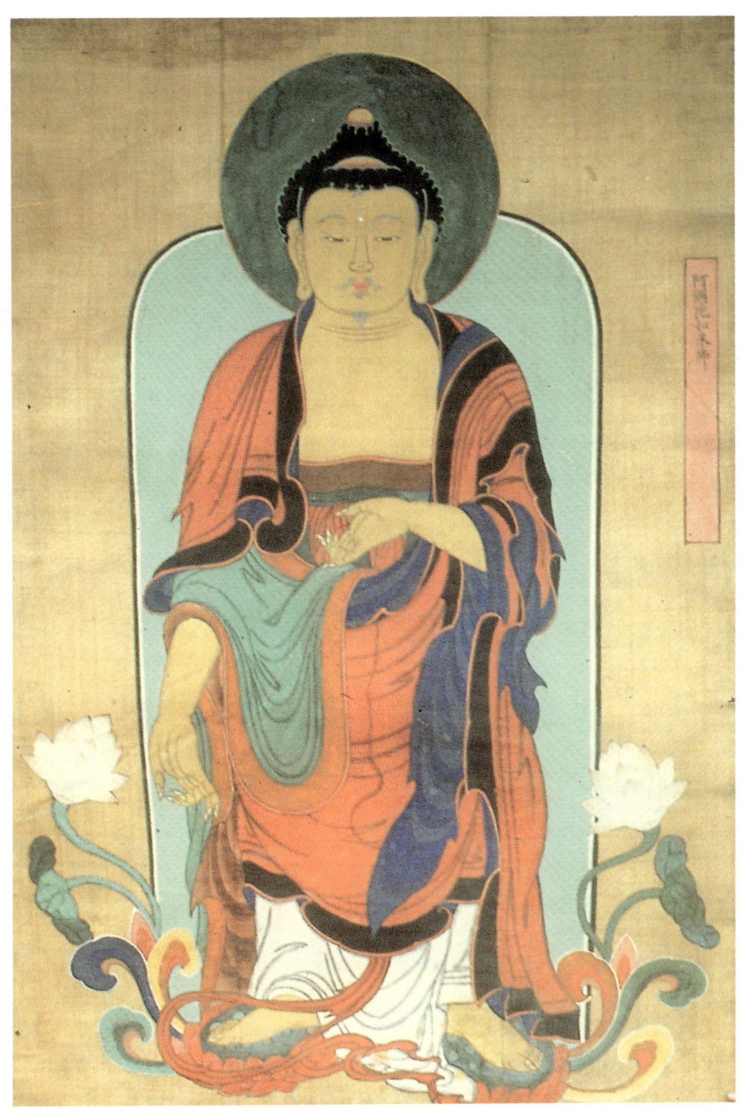

아미타여래　아미타탱화는 정토삼부인 「무량수경」「관무량수경」「아미타경」 등에 나오는 서방 극락 세계에서 아미타여래가 설법하는 광경을 묘사한 것이다. 법주사 소장의 독존 형식의 아미타여래상이다.

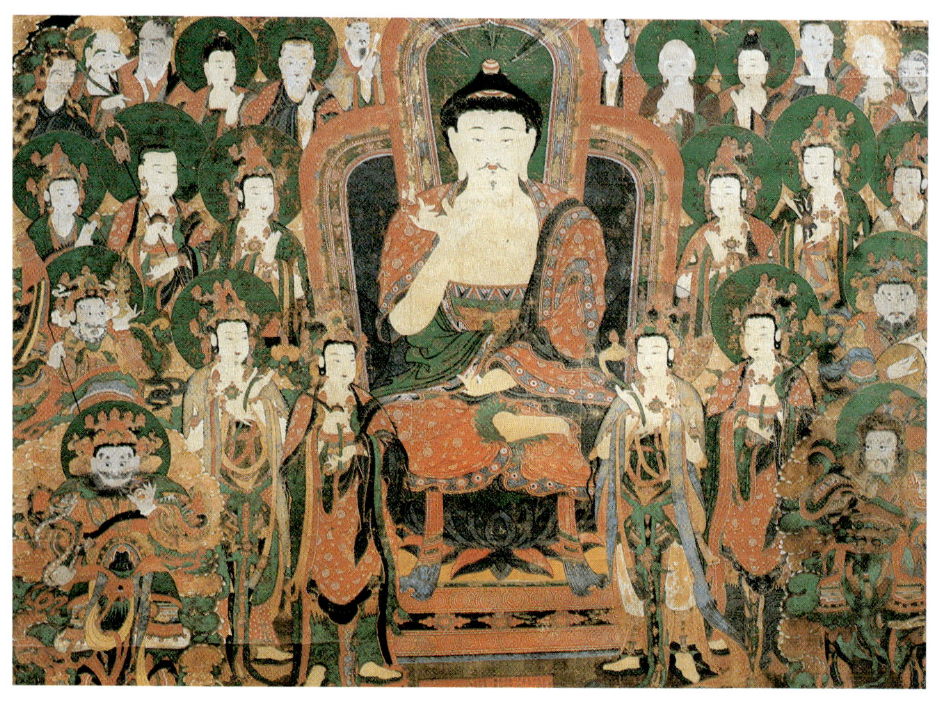

아미타회상도 아미타여래가 극락세계에서 설법하는 광경을 나타낸 것이다. 청자(聽
者)와 수호신 등으로 구성되었고 원근법을 쓰지 않음으로써 시공(時空)을 초월한
것임을 나타낸다.

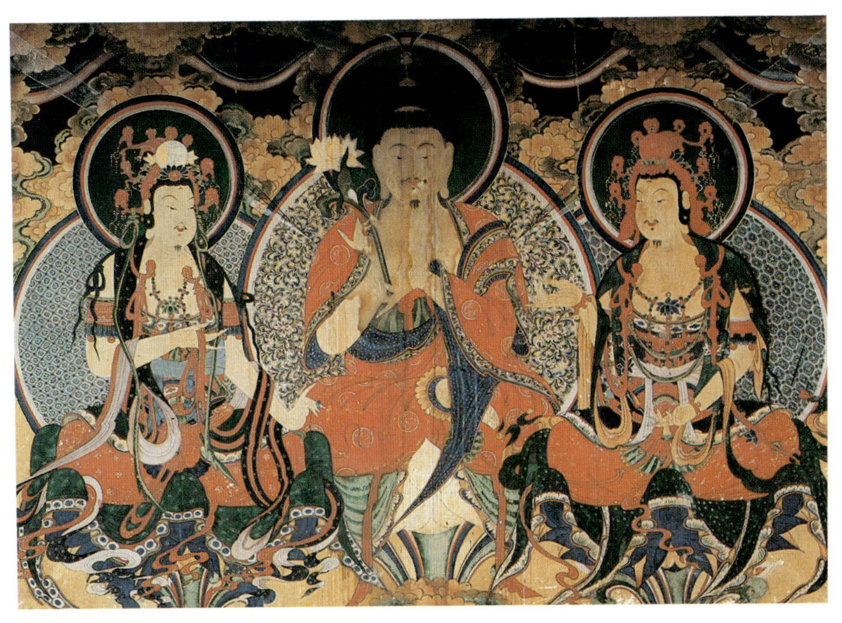

아미타삼존도 아미타여래의 설법 장면을 가장 간단히 그린 것이다.(위)
극락구품도 관경변상도의 변형된 형태이다. 극락의 모습은 왕생인의 근기에 따라
9품으로 나누어 지는데 이 9품 가운데 7품만 묘사한다. 곧 9칸 가운데 중앙의 상단은
아미타여래의 설법 광경, 그 아래는 극락의 궁전이고 그 밖의 7칸이 왕생인의 근기에
따른 극락세계와 왕생 장면이다.(뒤)

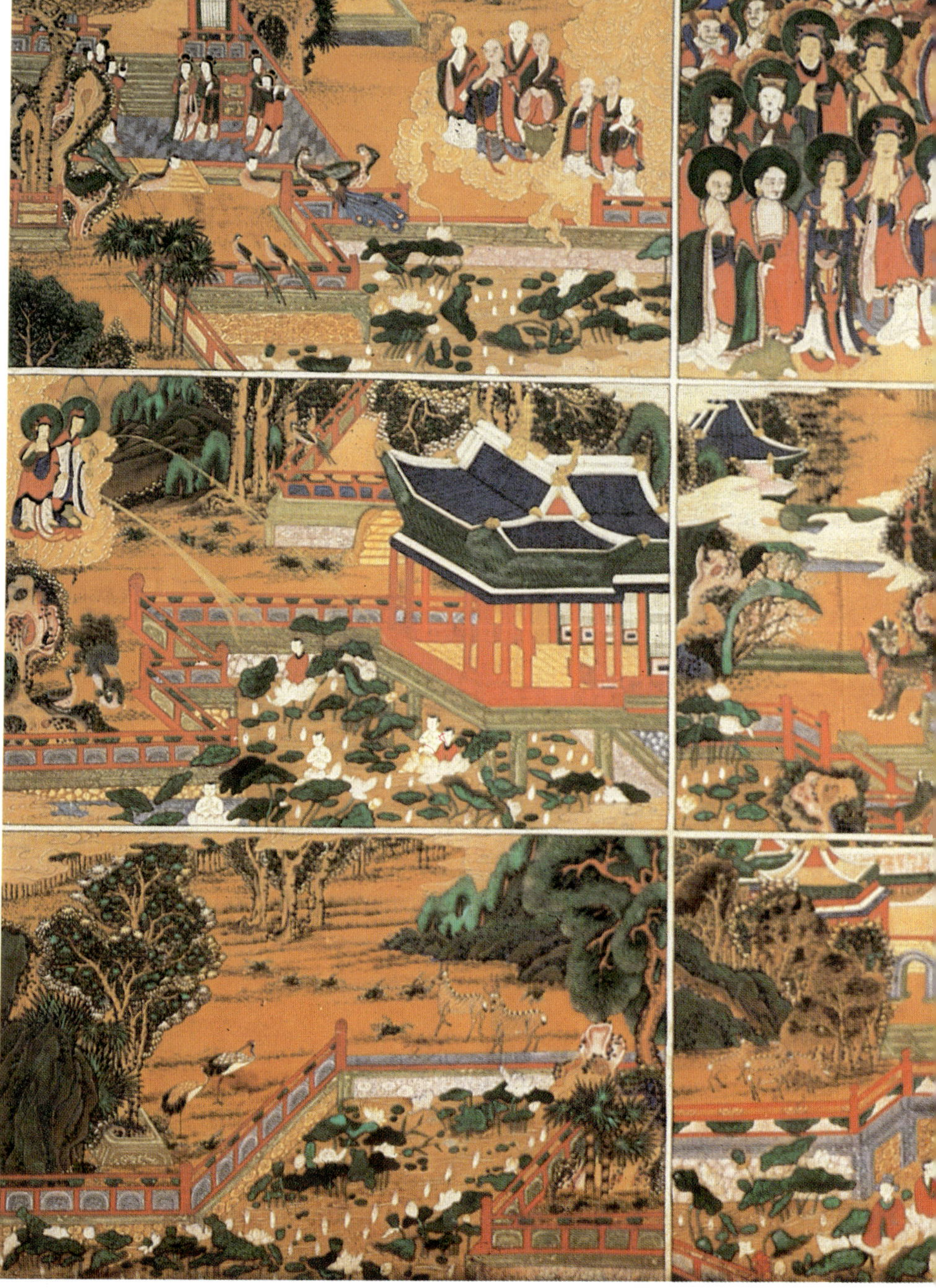

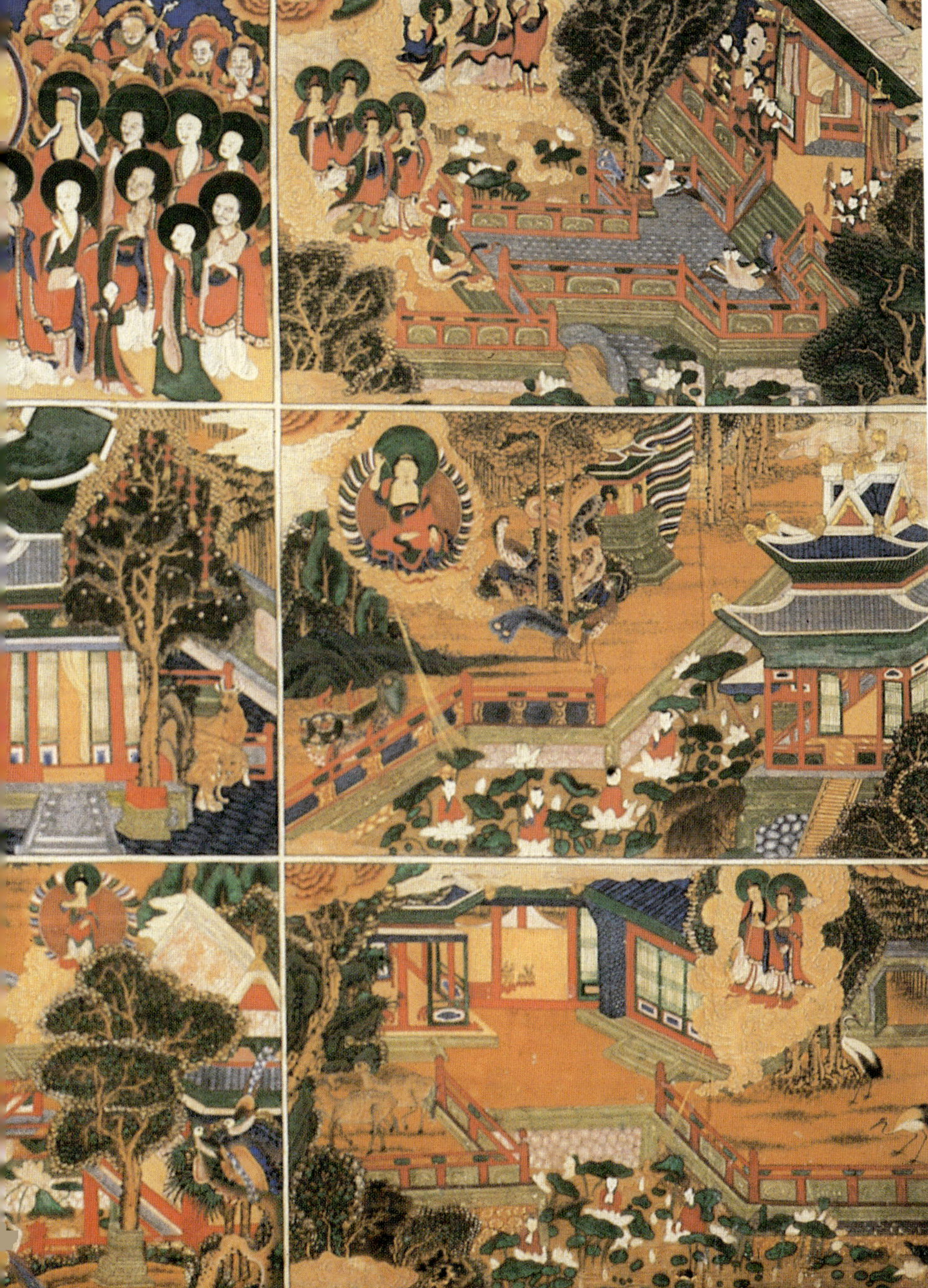

삼장탱화(三藏幀畫)

우리나라의 전통적인 사원에서 흔히 접할 수 있는 삼장탱화는 오늘날 신앙의 대상 또는 신앙의 표상으로서의 의미를 잃고 말았다. 그래서 봉안 장소, 의식 행위, 더 나아가서는 그 이름마저도 잊혀져 가는 형편이며 단지 과거부터 전해 오는 것이기에 사원 안의 적당한 장소에 걸어 놓고 있는 실정이다.

전통적인 사원에 흔히 남아 있으면서도 지금은 그 존재 의미를 잃어버린 이 삼장탱화는 어떠한 것이었으며, 의미가 상실된 이유는 무엇인가.

98, 99쪽 사진 　삼장탱화는 신륵사, 해인사, 통도사, 범어사, 대흥사, 직지사, 청곡사, 천은사 등 전통 고찰에서는 흔히 찾아볼 수 있는 불화이다.

삼장탱화의 삼장이란, 천은사 삼장탱화 연화질(綠化秩 ; 탱화를 만들게 연유와 化主 기록)에 따르면, 지장, 천장(天藏), 지지(地祇) 세 보살의 회상(會上)을 한 탱화에 도설한 것이다.

더 자세히 살펴보면 한국 불교 신앙의 총체적 의식집(儀式集)이라 할 수 있는 「석문의범(釋門儀範)」의 대례참례문(大禮懺禮文)에 의하여 천장보살은 상계 교주(上界教主), 지지보살은 유명계 교주(幽冥界教主)로 신앙되고 있었음을 알 수 있다. 그러나 지장보살을 제외한 두 보살에 대하여는 보다 구체적인 것을 알 수 없다. 다만 위의 의식집보다 연대가 앞서는 (적어도 乾隆 연간 : 1736~1795년 이전) 「범음집」의 중단 영청소(中壇迎請所)에서 천장, 지장, 지지보살을 영청했음을 알 수 있는데 여기서 보면 삼장 신앙이 중단 신앙이었음을 알 수 있다.

또 중단권공의(中壇權供儀)의 화청절차(和請節次) 중의 삼장 각 보살 회상 내용을 통해 삼장 신앙의 구조를 알 수 있다. 곧 천장보살은 상계, 천계(天界)의 교주이고 그 권속은 모두 천부중(天部衆)이며, 지지보살은 음부 곧 지상계의 교주이고 그 권속은 지상의 여러 신중이며, 지장보살은 명계의 교주이고 그 권속은 모두 명계의 신중으로서 천계, 지상계, 명계의 3계 신앙 구조를 지니고 있다. 그리고 중단권공의의 축원(祝願)을 통해 이 세 보살의 성격을 알 수 있다. 곧 천장보살은 대비력(大悲力)보살, 지지보살은 지행력(智行力)보살, 지장보살은 서원력(誓願力)보살이다.

이는 대승불교의 신앙 구조라 할 수 있으나 지장보살을 제외한 두 보살에 대해서는 경전이나 여타의 논소(論疏)에서 그 근거를 찾아볼 수 없어 이 두 보살에 대한 신앙은 한국 불교의 토착화 과정에서 토속 신앙과 습합된 형태라고 볼 수 있다. 특히 삼장 신앙에서 분화된 형태로 보이는 「범음집」의 천선단(天仙壇), 지지단(地祇壇), 지장단 의식의 내용으로 보아 천선단의 천장 신앙은 재래 토속 신앙적 천신(天神) 사상의 흔적이 보이고, 지지단에 맞이하는 여러 신들은 한국의 토속신으로 볼 수 있다. 따라서 앞의 두 보살은 한국적인 천선중과 지지신중의 불교적 인격화로 볼 수 있다.

특히 재래 토속적 성격을 지닌 여러 신들이 불교적 신앙으로 전개되면서 불교의 호법선신화된 것이 신중이라고 볼 때, 천장보살은 천선중의 불교적 전개이며 지지보살은 지계 신지중(地界神祇衆)의 불교적 전개라고 할 수 있다. 이에 따라 삼장 신앙은 곧 중단의 신중 신앙임을 알 수 있다.

이러한 삼장탱화의 구도를 살펴보면 배치상 약간의 차이는 있으나 대개 비슷하다. 장방형의 불단 위에 천장보살을 중심으로 좌우에 지장보살과 지지보살상을 도설하고 3상의 좌우에 각각의 권속상을 배치했다. 불단 아래에는 각 보살의 보처상을 그려 지장, 천장, 지지보살의 3회상을 도설하고 있다. 그 대표적인 것이 천은사, 해인사, 쌍계사, 신륵사의 삼장탱화다.

위와 같은 삼장탱화를 신중 신앙의 표상인 신중탱화와 비교하면

99쪽 사진

서 그 성격을 살펴보면 다음과 같다.

앞 장에서 살펴본 바와 같이 신중 신앙은 104위 내지는 39위의 신중이 상, 중, 하의 3단 구조에 의해 신앙되고 있는데 39위의 신중이 화엄 신중으로서의 원형에 가깝다고 한다면, 104위 신중은 39위 신중을 기본으로 하여 불교가 시대, 지역에 따라 변화 전개되면서 포용한 여러 토속신들을 한국적으로 재조직한 것이라 할 수 있다. 그 대표적인 예가 중국의 칠성신과 한국 토속신의 불교적 포용이다.

다만 이러한 여러 신의 융섭에도 체계가 있어 39위의 경우 상단에는 천신, 중단에는 천신의 권속, 하단에는 지신(地神)을 배치하여 천신의 우위성을 나타내고 있다. 104위의 경우는 상단에 여래의 화현(化現)을, 중단에 천신을, 하단에 지신을 배치함으로써 불교의 화신을 천신이나 지신보다 우위에 두고 있어서 상, 중, 하의 3단에 의한 강한 차등 의식이 작용하고 있다.

이에 반해 삼장탱화의 구도는 지장, 천장, 지지의 삼장회상을 3계 우주관에 근거한 천상, 지상, 지하의 대등한 관계로 융섭 체계화한 것이라 볼 수 있다.

앞에서도 말한 바와 같이 이제 그 존재 의미가 사라진 삼장신중탱화에는 지하 세계가 포함되어 있지 않다. 이는 삼장 신앙 중 명계 신앙 곧 지장 신앙이 차츰 강조되자 삼장 신앙에서 지장 신앙이 독립되면서 지장탱화가 성립되었으며, 나머지 신중은 재구성되어 신중탱화를 성립시켰기 때문이다. 또 드문 예이긴 하지만, 천장회상 부분이 제석탱화로, 지지회상 부분이 신장탱화로 성립됨으로써 과거에 성행한 중단 신앙의 대상이던 삼장탱화의 존재 의미가 상실되었다고 볼 수 있다.

본래 삼장탱화는 한국의 토속적인 여러 신들을 「화엄경」의 이치에 입각한 화엄신중으로 포용하여 신앙한 데서 성립된 결과, 고유의

숭천(崇天) 사상과 신앙은 천장회상으로, 지지 신앙은 지지회상으로, 영혼의 극락 천도 신앙은 지장회상으로 수용하려는 노력으로 성립된 한국 고유의 신중탱화라는 점에서 그 의의를 높이 평가할 수 있다.

삼장도(三藏圖) 제일 위는 천장(天藏)회상, 아래 오른쪽(向左)은 지장회상, 왼쪽(向右)은 지지회상의 3회상을 나타낸 것으로 전통적인 3계관(三界觀)을 불교화한 그림이다.

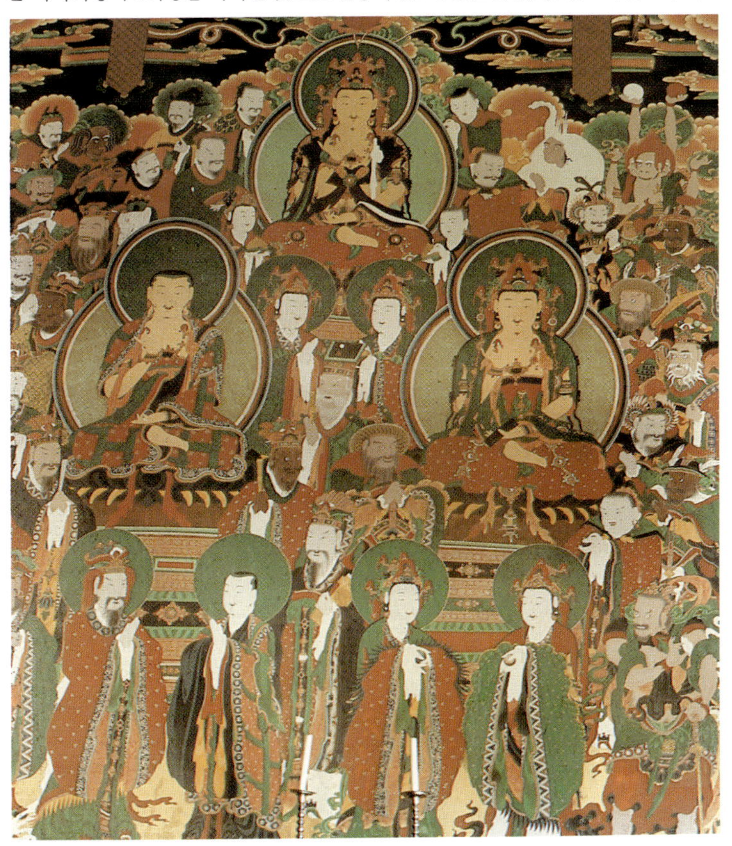

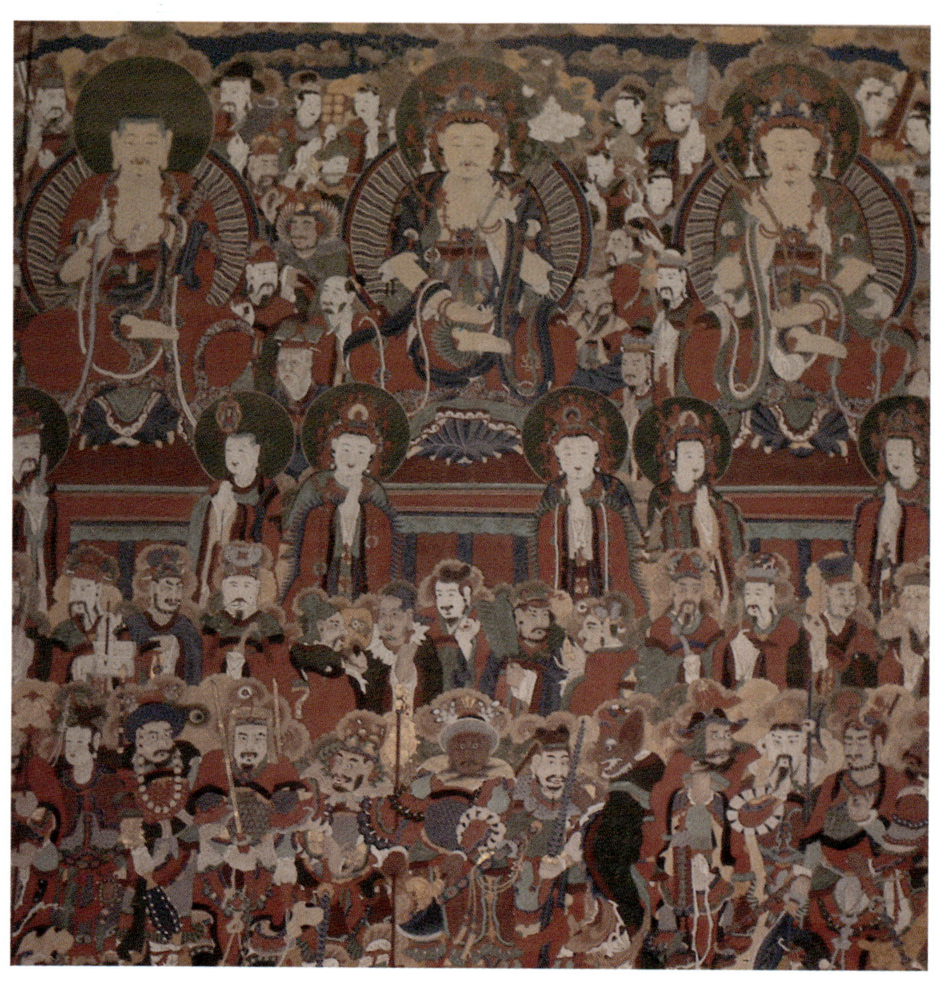

삼장도　해인사의 삼장은 장방형의 불단 위에 천장보살을 중심으로 좌우에 지장보살과 지지보살이 위치하고 3상의 좌우에 각각의 권속상을 배치했다. 또 그 아래에는 각 보살의 보처상을 그려 전체 화면이 꽉찬 구도이다.

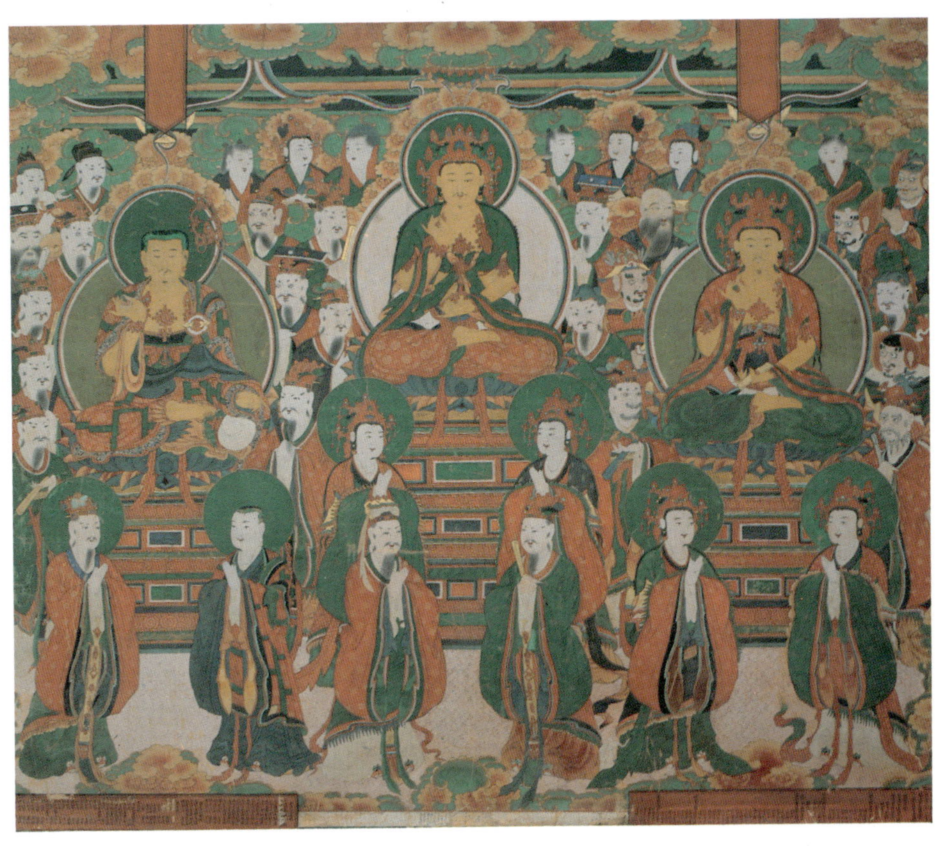

삼장도 통도사의 삼장도는 화면 중앙에 천장을 약간 높은 대좌에 앉은 것으로 표현하였고, 좌우의 지장, 지지의 두 보살은 천장보살보다 낮게 표현하였다. 성중은 상단에 작게 묘사되었다.

신중탱화(神衆幀畵)

불교는 석가의 가르침을 중심으로 하는 종교이므로 신앙의 대상이 석가모니불임은 당연하다. 그러나 대승불교가 발달하면서 일체 중생을 구제하기 위한 많은 불, 보살들의 서원에 따라 신앙의 형태가 다양해졌다. 이와 함께 인도 재래의 토속신뿐만이 아니라 전파되는 지역의 토속신들까지 불교 신앙으로 포용하여 불법(佛法) 수호신으로 편입시키게 되었다. 이들 호법신들을 복합적으로 묘사한 그림이 신중탱화이다. 이러한 신중은 하나의 신앙 대상이긴 하지만 상단 탱화의 호법선신이 아닌 중단의 신앙이다. 따라서 신중탱화의 이해와 파악은 곧 그 지역 토속 신앙의 이해이며 한국 신중탱화의 이해는 곧 한국 토속 신앙과의 교섭에 대한 이해이기도 하다.

한국 불교에 신중 신앙이 처음 어떻게 수용되었는지는 확실치 않다. 그러나 현재까지 밝혀진 신라시대의 유적들을 통해 볼 때 일찍부터 있어 왔음이 분명하다. 또 고려시대에는 제석 신앙, 화엄 신중 신앙, 천병(天兵) 신중 신앙과 그 도량이 성행했음을 알 수 있다.

신중 신앙은 대체로 두 가지 형태로 나눌 수 있다.

첫째는 경전에 나타난 인도의 토속신뿐만이 아니라 시왕, 칠성, 산신 등 중국과 우리나라의 여러 토속신들이 불법 수호신으로 일괄 포용, 신앙되는 형태이다. 곧 앞에서 살펴본 금강역사를 비롯하여 33성중으로 대표되는 화엄성중이다. 「화엄경」에서는 일체 성중(一切聖衆)을 화엄회상에 귀속시키고 있기 때문에 화엄성중이라 부른다.

둘째는 신중 개개의 신(神)이 토속신과 습합하여 강조 독립된 신앙 형태이다. 제석, 용왕, 시왕, 산신, 칠성 등의 신앙이 이러한 형태의 신앙이다.

신중탱화 역시 상, 중, 하단으로 분류, 도설되어 있다. 신중탱화는 104위, 39위의 신중을 도설하는데 그 대표적인 것이 해인사의 신중 탱화다. 39위는 104위 가운데 상단을 제외한 중, 하단의 주요 신중 39위를 상, 중, 하단으로 구성 배치한 것이다. 이들 신중탱화는 보통 상단에는 인도의 토속신을, 중단에는 중국의 토속신을, 하단에는 한국의 토속신을 배치하고 있다.

104쪽 사진

신중 신앙은 본래 불법의 외호선신(外護善神)을 신앙하는 상단 신앙에 종속적인 것이었으나 중단 신앙으로 형성되면서 호법과 외호의 기능이 더 강조되어 강복소재(降福消災) 신앙으로 전개되었 다. 따라서 신중탱화는 소재회상도(消災會上圖)라고도 할 수 있다. 이러한 성격이 신중탱화의 신앙을 더욱더 성하게 한 요인이 아닌가 생각한다. 이처럼 신중탱화에 대한 신앙이 성하게 됨에 따라 외호적 성격에서 각 신중들의 독립적 기능을 강조하는 신중 신앙의 2차적 분화를 가져오게 되어 탱화도 다양해졌다. 그 유형을 살펴보면 다음 과 같다.

대예적금강신(大穢跡金剛神)을 중심으로 하는 탱화

탱화의 중앙에 대예적금강신을 안치하고 그 좌우에 제석천왕과 대범천왕상을, 그 하단에는 동진보살(童眞菩薩)상을, 주위에는 여러 신장상을 봉안하고 있다.

제석 대범천왕, 동진보살을 중심으로 하는 신중탱화

106, 107쪽 사진

대표적으로 신륵사 신중탱화의 도설을 통해 살펴보면 동진보살을 중심으로 좌우에 신장상 1위씩을 봉안하고 주위에 동자상, 명왕상, 금강상, 제석, 대범천을 도설하고 있다. 특히 이 탱화는 좌우로 나누 어 오른쪽에는 천상을, 왼쪽에는 금강상을 중심으로 도설하는 이중 구조를 이루고 있는 점이 특이하다. 이러한 유형의 탱화에는 기본적

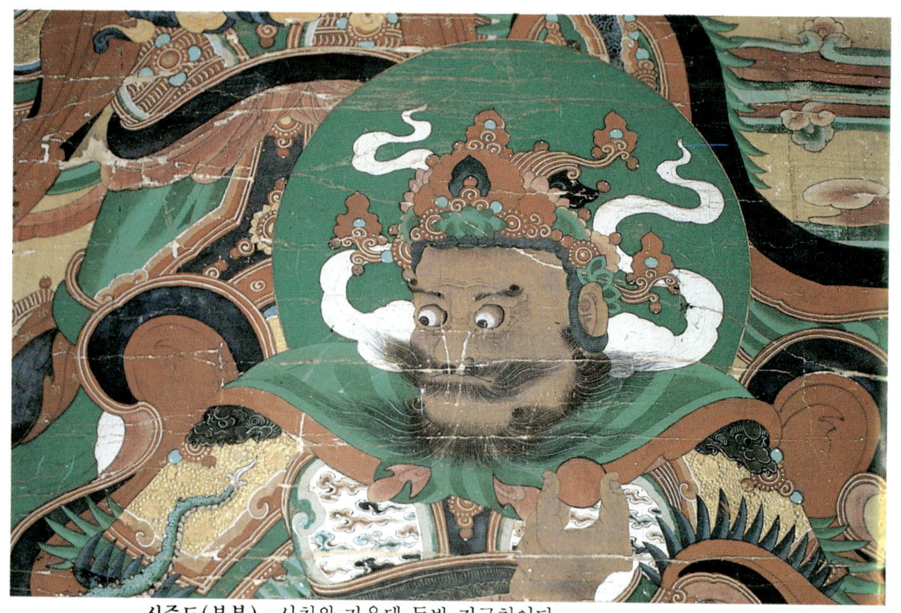

신중도(부분) 사천왕 가운데 동방 지국천이다.

으로 제석, 대범천, 동진보살이 배치된다. 그 대표적인 것이 전남 승주군 송광사의 신중탱화이다.

제석과 대범천을 중심으로 한 신중탱화

105쪽 사진

제석과 대범, 혹은 제석천만을 중심으로 그 주위에 여러 천상을 도설하는 구도를 지닌 탱화이다. 일명 제석탱화라고도 하는데 통도사 대웅전의 신중탱화가 대표적인 것이다.

동진보살만을 중심으로 한 신중탱화

동진보살을 중심으로 좌우와 상하에 8부 혹은 12부 신장상만을 도설하는데 일명 신장탱화(神將幀畫)라고도 한다.

위와 같은 네 가지 유형 이외에도 8대 용왕, 8부 금강 등을 중심으로 도설한 탱화도 있어 한국의 중단 신앙으로서의 신중탱화의 다양성을 보여 주고 있다.

이렇게 신중탱화들이 상, 중, 하단 구조에 의하여 도설되기도 하고 제석과 대범 등을 중심으로 하는 여러 천상이 하나의 체계에 따라 질서 있게 도설되는 것은 한국의 신중탱화가 밀교의 한 신앙 체계인 만다라(曼茶羅)임을 보여 주는 것이라고 하겠다. 곧 한국에 밀교(密教)가 수용되고 있었음을 알려 주는 것이기도 하다. 이는 신라시대의 명랑법사(明朗法師)가 밀교 비법(秘法)으로 외적을 퇴치했다는 「삼국유사」의 기록과 그 맥을 같이 하는 것이다.

이와 같이 호법선신으로 수용되어 중단 신앙의 대상이 된 신중은 시간이 지나면서 다시 그 각각의 기능들이 강조되어 불교라는 신앙 체계 안에서 원래적인 모습이 강조되었고 또한 독립되어 신앙 대상으로 모셔졌으며 그러한 신앙을 도설한 탱화가 제석탱화, 칠성탱화, 지장탱화, 시왕탱화, 산신탱화다.

곧 농업신에 대한 신앙적 요청에 따라, 104위 신중 가운데 제석을 농업신으로, 수명신에 대한 신앙적 요청으로 칠성신을 수명신으로 도설한 것이 제석탱화, 칠성탱화이다. 또 104위 가운데 염마왕의 명계에 대한 신앙적 요청으로 새로운 신앙 형태를 전개시켜 성립된 것이 지장탱화, 시왕탱화이다. 산신탱화는 한국의 토속 신앙이 불교 신앙에 수용되어 그 본래적 기능이 강조되어 독립됨으로써 사원 안에 산신각이 생김과 함께 이루어졌다.

이러한 각 탱화의 성립은 불교 신앙의 다양한 전개를 의미하지만 궁극적으로는 불법(佛法)의 경지에 귀일치된다는 것을 잊지 말아야 한다.

신중탱화는 삼장탱화와 밀접한 관계를 지니고 있으며, 3계 평등 신앙에서 3단 차등 신앙으로 전개된 신중 신앙의 모습을 보인다.

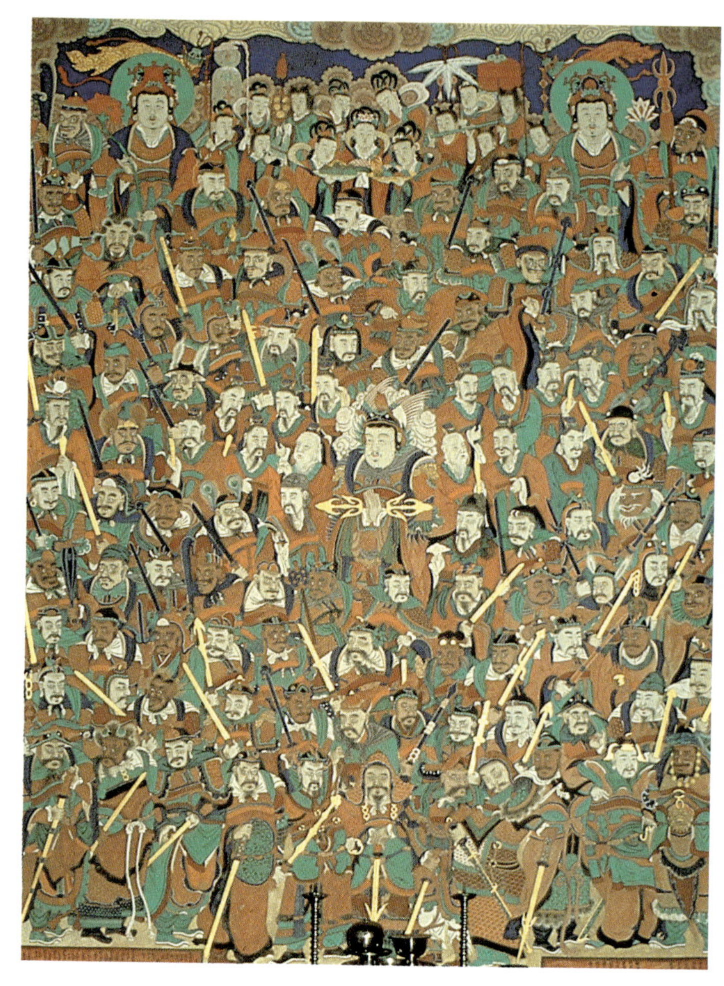

104위 신중도 신중도로서는 가장 많은 신중을 표현한 것이다. 위에는 제석천, 대범천을 중심으로 한 천중상을, 아래에는 동진보살을 중심으로 8부 신장, 8부 금강, 8부 용왕 등 모두 104위의 신중을 표현하였다.

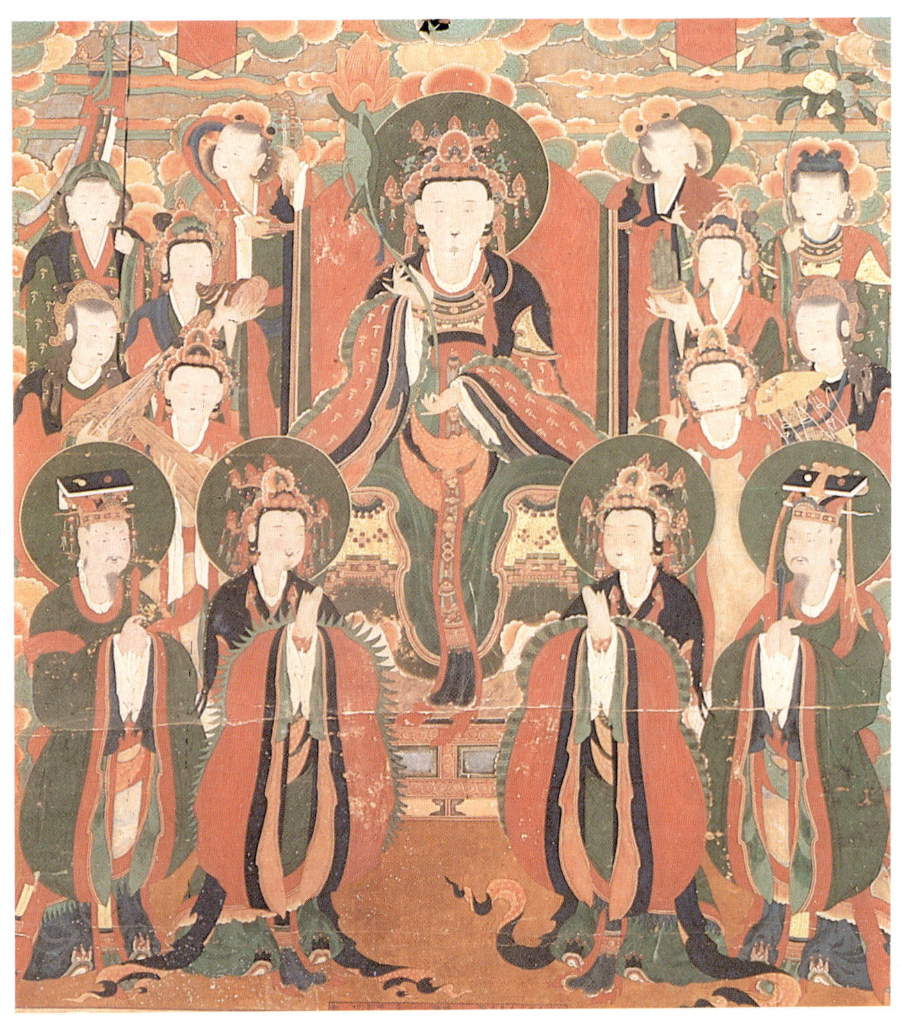

제석천도　제석천왕을 중심으로 그 협시와 권속을 배열한 신중도이다.(위)
신중도　신중도는 화면의 위에 천중상, 아래에 동진보살을 중심으로 8부 신장상을
　　위아래로 배열하거나 좌우로 배열하는 것이 일반적이다. 그러나 이 그림은 두 부분의
　　그림을 좌우로 나누어 왼쪽에 제석도, 오른쪽에 8부 신장도를 표현하였다.(뒤)

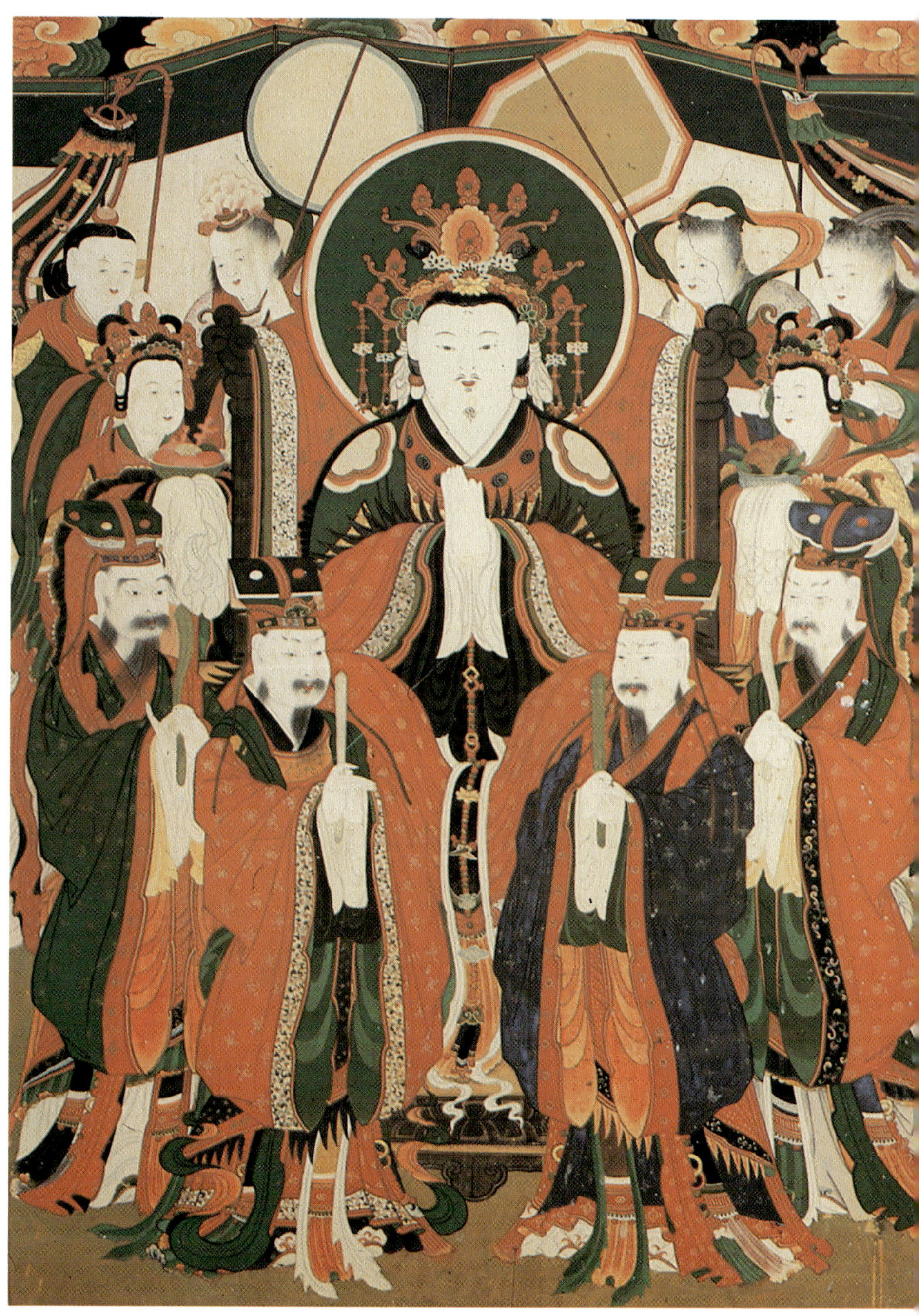

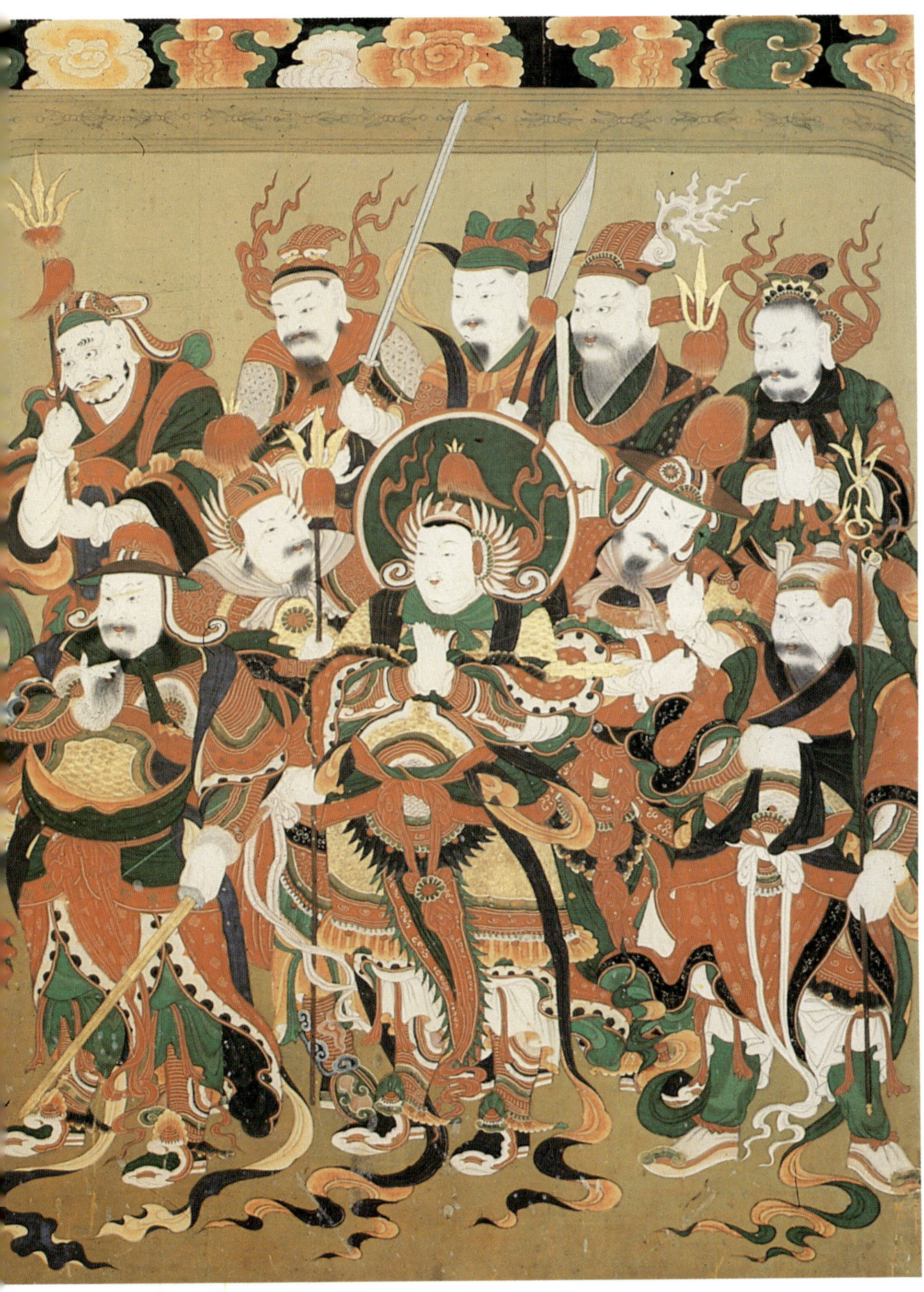

감로탱화(甘露幀畫)

　상, 중, 하단의 3단 신앙 중에 하단 신앙은 조상 숭배의 신앙 혹은 영혼 숭배의 신앙이라고 할 수 있다. 그리고 그 신앙 내용을 도설한 것이 하단탱화로서 영단(靈壇)탱화 또는 감로탱화라고 한다.

　망인(亡人)의 영가(靈駕)를 천도(薦度)하기 위한 신앙이므로 영단(靈壇)이라고도 한다. 하단은 대체로 대웅전의 오른쪽이나 왼쪽 벽면에 설치하거나 혹은 명부전, 지장전에 설치한다. 영가의 위패(位牌)를 봉안하고 그 뒷면 벽에 감로탱화를 건다. 만약 탱화를 걸지 않았을 때는 '나무대성인로왕보살(南無大聖引露王菩薩)'이라는 번(幡)을 걸어 놓기도 한다.

　이 탱화를 영단탱화라고 하는 것은 영가의 극락 왕생을 비는 신앙 내용을 도설한 것이기 때문이며, 감로탱화라고 하는 것은 아귀(餓鬼) 혹은 지옥 중생에게 감로수(甘露水)를 베푼다는 신앙 내용이 담겨져 있기 대문이다.

　우리나라의 대표적인 감로탱화로는 용주사 지장전의 하단탱화, 신륵사 극락보전의 하단탱화, 통도사 영산전의 하단탱화, 봉은사 대웅전의 하단탱화, 쌍계사 대웅전의 하단탱화 등이 있다.

　대체로 하단 신앙은 「불설우란분경(佛說盂蘭盆經)」을 소의 경전으로 하며 그 의궤는 「불설구발아귀다라니경(佛說救拔餓鬼陀羅尼經)」이나 「유가집요구아난다라니염구궤의경(瑜伽集要救阿難陀羅尼焰口軌儀經)」에 의거한다. 그러나 탱화의 도설 내용은 정토 신앙이나 지장 신앙, 인로왕보살 신앙 등이 복합적으로 구성하고 있으나 각 탱화마다 도설 형태가 약간씩 다르다. 보통 현전하는 감로탱화들을 볼 때 상단과 중, 하단으로 도설되고 있음을 알 수 있다.

　현전하는 감로탱화의 도설 내용을 세 부분으로 나누어 간략히 살펴보자.

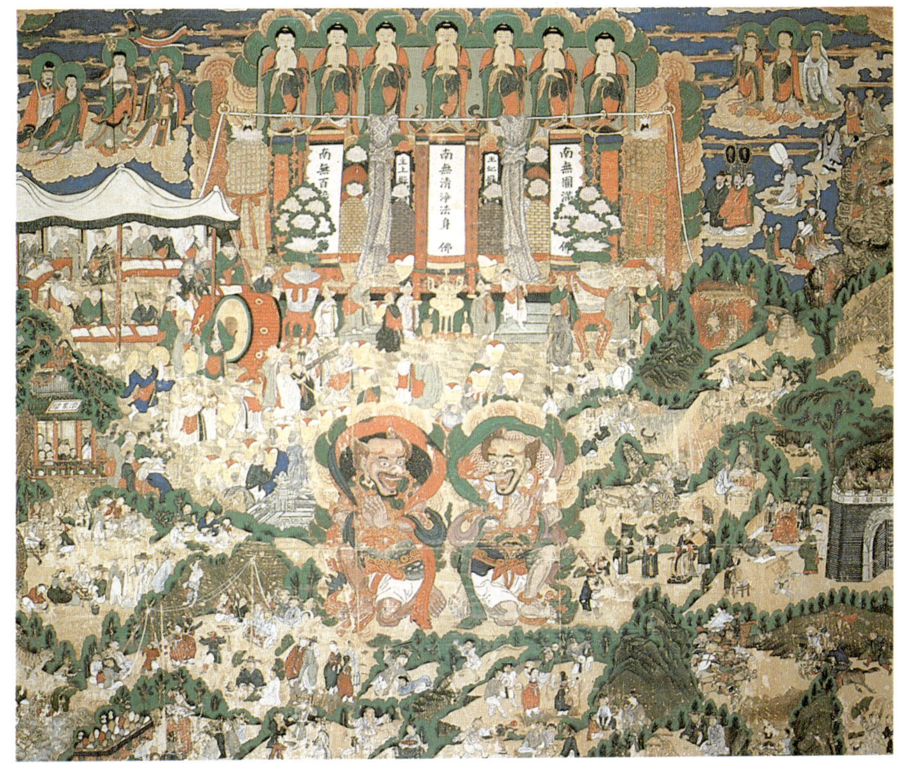

감로왕탱 흥국사 소장.

상단

112쪽 사진

상단은 다시 세 부분으로 나누어 볼 수 있다.

첫째, 중앙에 7여래상(七如來象)을 도설했다. 시식(施食)이라는
하단 의례에 따르면 이 7여래는 여러 고혼(孤魂)들이 탐심을 버리
고, 법재(法財)를 구족하고, 나쁜 길을 버리고 뜻에 따라 오르게
하며, 모든 두려움에서 벗어나 열반의 즐거움을 얻고, 목이 잘 열려
감로의 맛을 보게 하고, 극락세계에 왕생케 한다는 특성을 지니고
있다.

둘째, 7여래의 오른쪽 옆에 수많은 천녀(天女)들에 둘러싸여 연
(輦)을 타고 있는 인로왕보살상이 도설되어 있다. 이를 극락접인도
(極樂接引圖)라고 한다.

113쪽 사진
셋째, 7여래의 왼쪽 옆에 약간 형태를 달리하는 경우도 있으나
보통은 관음보살과 세지보살의 협시를 받는 아미타여래가 구름을
타고 내려와 친히 극락으로 영접(來迎)하는 모습이 도설되어 있다.
이른바 극락래영(極樂來迎)이다.「왕생아미타불국경(往生阿彌陀佛國
經)」에 따르면, 중생이 이 경을 깊이 믿고 왕생하기를 원한다면
극락세계의 아미타불은 관음보살과 대세지보살 등 수많은 보살을
보내어 그를 극락세계로 옹호 영접하겠다는 내용에서 비롯된 신앙
이다. 이것을 도설화한 것이 극락래영도이다.

중단

115쪽 사진
중단은 중앙 정면에 성반(盛飯)을 진설하고 재의식을 설하는
모습을 도설했다. 이는 극락에 왕생하고자 공덕을 짓는 마음을 표현
한 것이다.

하단

116, 117쪽 사진
하단은 크게 두 부분으로 나누어 볼 수 있다. 하나는 아귀상(餓鬼
相), 지옥상(地獄相) 등 천도(天道)로 윤회하는 중생상(衆生相)의
도설이며 다른 하나는 지장보살상의 도설이다. 앞의 도설에는 아귀
상을 하방의 중앙에, 그 양쪽에는 지옥의 여러 모습과 중생의 여러
생활상을 묘사하여 놓았다. 이는 지옥, 아귀, 축생(畜生), 수라(修
羅), 인간(人間), 천상(天上)의 6도(道)를 압축 묘사한 것이다. 6도
에서 고통받는 모습을 강조함으로써 극락정토에 왕생하기를 촉구
하는 권선징악적 의미를 표현한 것이다. 다음으로 지장보살상이다.
지옥의 광경 옆에 석장(錫杖)을 짚고 지옥문을 들어서는 지옥 중생

들을 바라보고 서 있는 지장보살을 묘사한 것이다. 이는 지장보살이 118쪽 사진
6도를 윤회하는 지옥 중생을 모두 구제하지 않고는 성불하지 않겠
다고 서원한 내용을 통해서도 이해할 수 있을 것이다.

　이러한 내용이 도설되어 있는 감로탱화의 성격을 살펴보자.

　첫째 하단 신앙은 영가의 천도라는 조상 숭배 신앙에 의한 것이라
는 점이다. 도설에 아귀가 강조되어 있는 것은 목련존자(目蓮尊者)
가 우란분재(盂蘭盆齋)를 베풀어 지옥 아귀도에 떨어진 어머니를
구제하였다는 「우란분경」과 7여래 명호를 외우는 「유가집요구아난
다라니염구궤의경」에 따라 아귀에게 음식을 베풀고(施食) 보리심
(菩提心)을 일으키게 함으로써 그 공덕을 영가에 회향하며 정토에
왕생하게 한다는 일차적인 신앙 동기를 살필 수 있다.

　다음으로 지옥상과 지장보살을 도설한 점이다. 이는 지장 신앙에
의지하여 지옥을 떠나 정토에 왕생하려는 것이 목적이다.

　또한 극락접인도 도설을 통하여는 지옥을 떠나 정토에 이르게
안내하는 인로왕보살 신앙을 엿볼 수 있다. 또 극락래영도를 도설함
으로써 예토 사바 세계를 떠나 정토를 흔구(欣求)하는 신앙임을
알 수 있다. 중앙에 성반(盛飯)을 베풀고 재의식을 설하는 것을 도설
하여 정토 왕생을 위한 공덕을 쌓는 것을 보여 주고 있다.

　이리하여 감로탱화는 대체로 상단에 정토도를, 중단에 정토에 114, 119쪽 사진
이르기 위하여 공덕을 쌓는 재의식 광경을, 하단에는 지옥 아귀를
비롯하여 육도 중생의 온갖 고통상을 도설하여 고통의 세계를 떠나
극락정토에 왕생하려는 권선징악적 사상이 내포되어 있음을 알
수 있다. 탱화 중에 묘사된 중생의 생활상을 통해 그 탱화가 이루어
진 시대의 생활상을 이해하는 데에도 좋은 자료가 될 것이다.

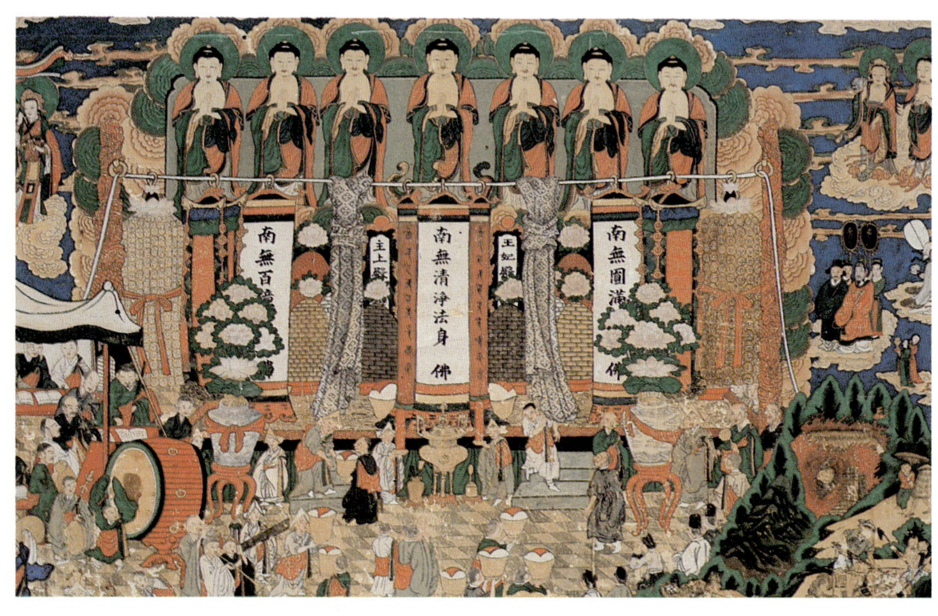

감로왕탱 상단, 중단 죽은 사람의 영혼을 위하여 천도재를 올리면, 밀교의 7여래의 구제를 받아 극락에 왕생할 수 있다는 뜻을 나타낸 그림이 감로왕탱이다. 위에는 7여래, 중간에는 진설한 음식, 그 아래에는 재를 올리는 광경이다.

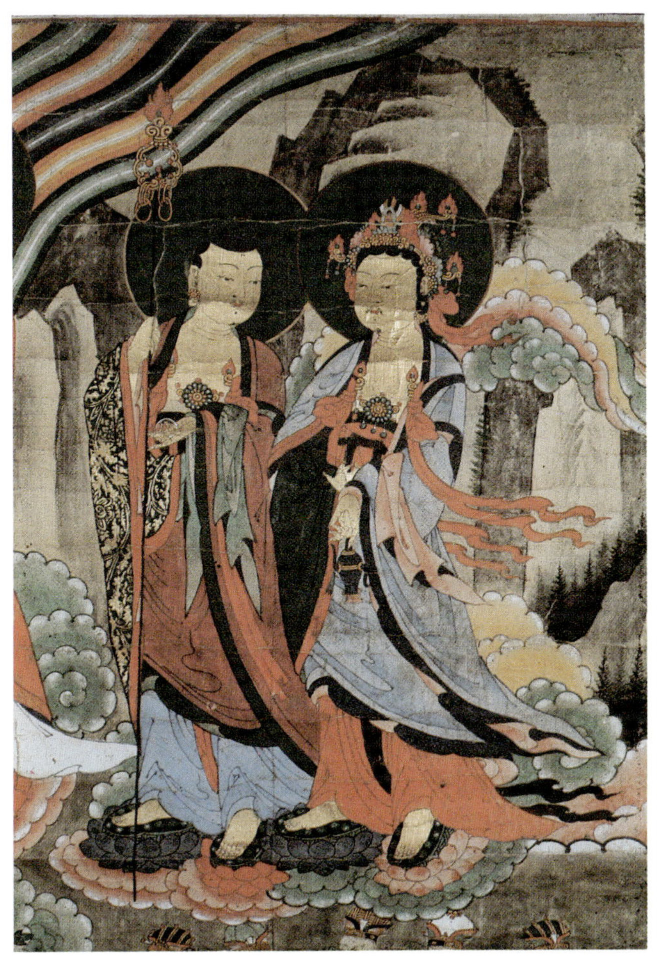

인로왕도 감로탱화 상단의 부분도이다. 재의식을 올려 죽은 자의 영혼을 천도하
면 지장보살과 관세음보살이 극락에서 내려와 맞이해 간다는 장면이다.

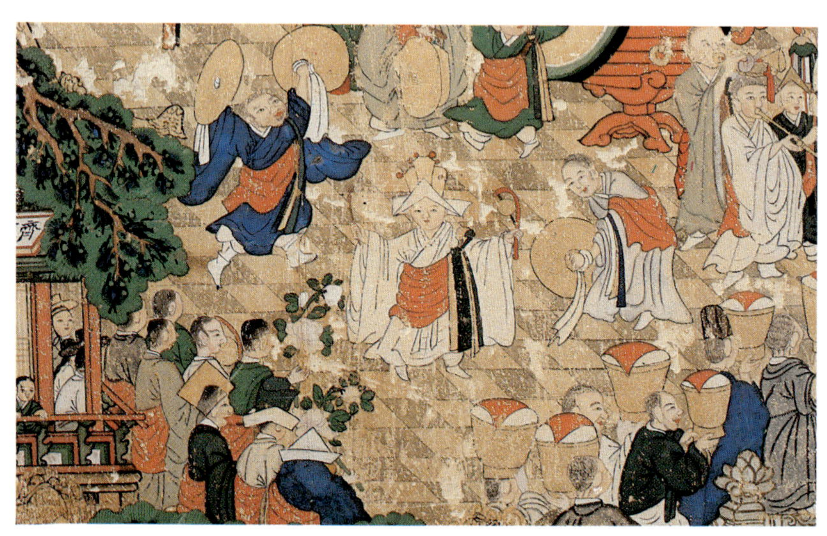

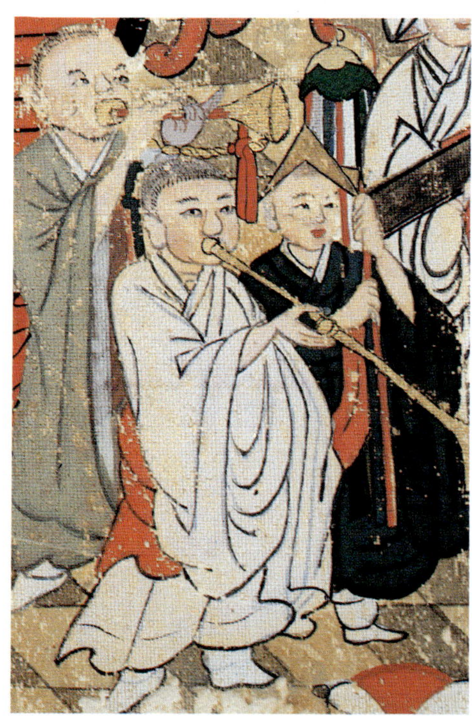

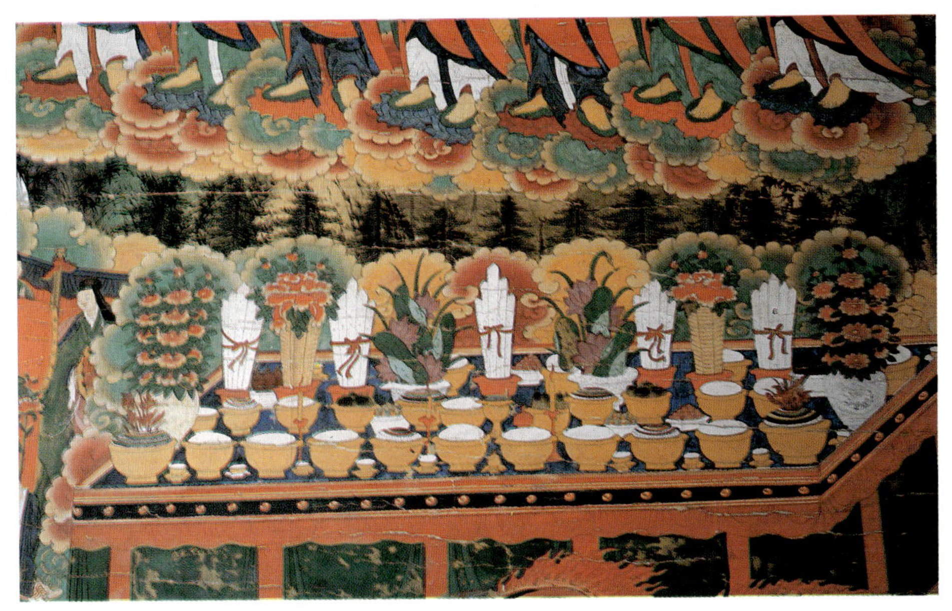

재의식 감로왕탱의 중단은 재를 올리는 모습이 그 내용이 된다. 왼쪽 위는 승무와
바라춤 등이 행해지는 장면이고, 아래는 악기를 연주하는 스님들의 모습이다.
성반 7여래의 발 밑에는 여러 가지 음식이 차려진 성반이 그려진다. 이 성반으로 상단
과 중단이 구분되는 경계선이 만들어지기도 한다.(오른쪽)

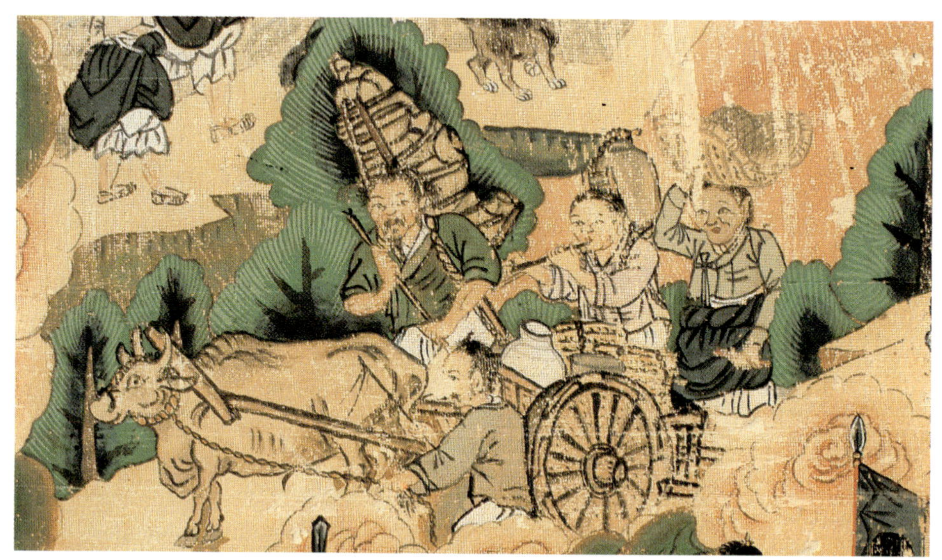

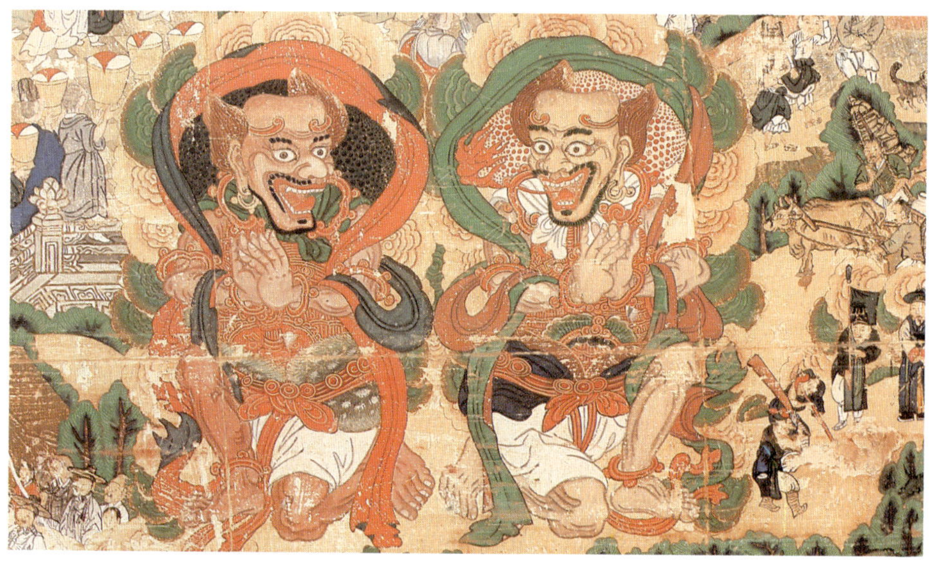

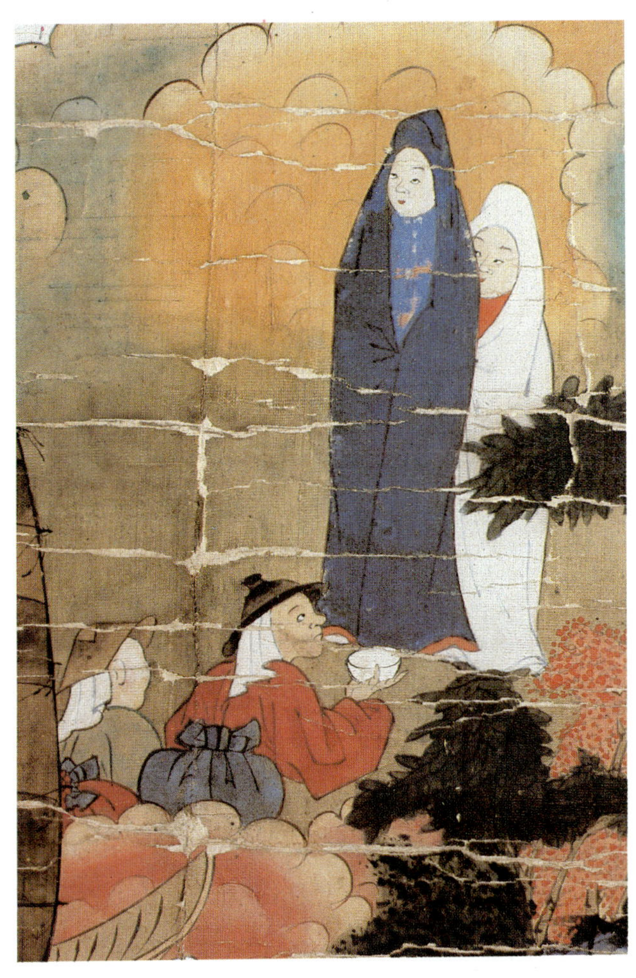

축생도 축생(畜生)에서 태어나 고통받는 중생을 표현한 것이다.(왼쪽 위)
아귀도 6도의 하나로 언제나 먹지 못하여 당하는 고통을 나타낸 것이다. 아귀의 몸은
　비대하나 목구멍이 바늘 구멍만하여 먹지 못한다고 한다.(왼쪽 아래)
망령 1759년에 제작된 호암미술관 소장의 감로탱 부분이다.(오른쪽)

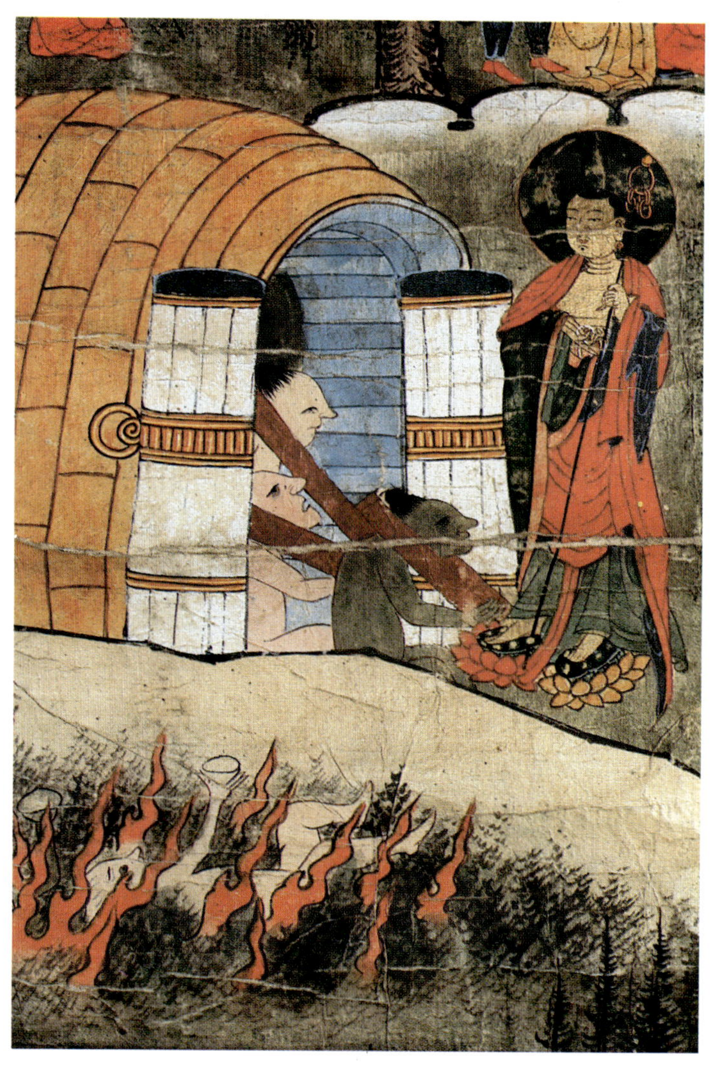

지옥도　6도도의 부분도로 지옥의 하나인 뜨거운 불의 고통을 당하는 지옥 장면이다.
그 옆에는 지장보살이 지옥 중생을 구제하겠다는 서원을 하고 있다.

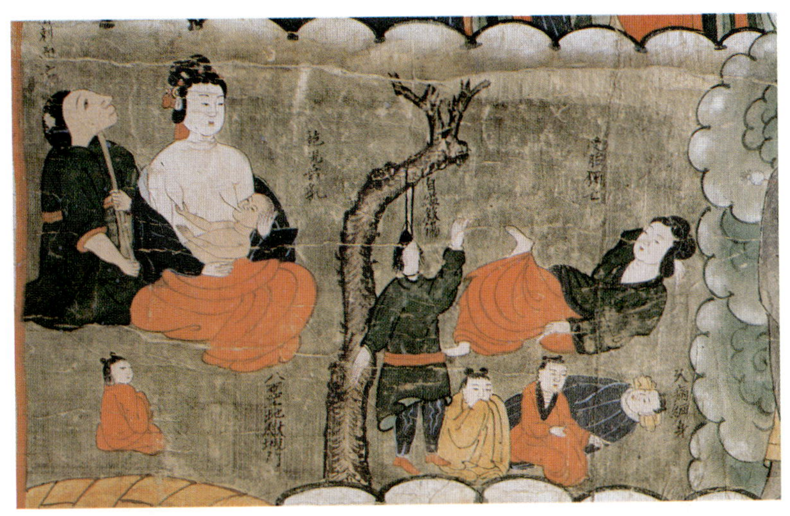

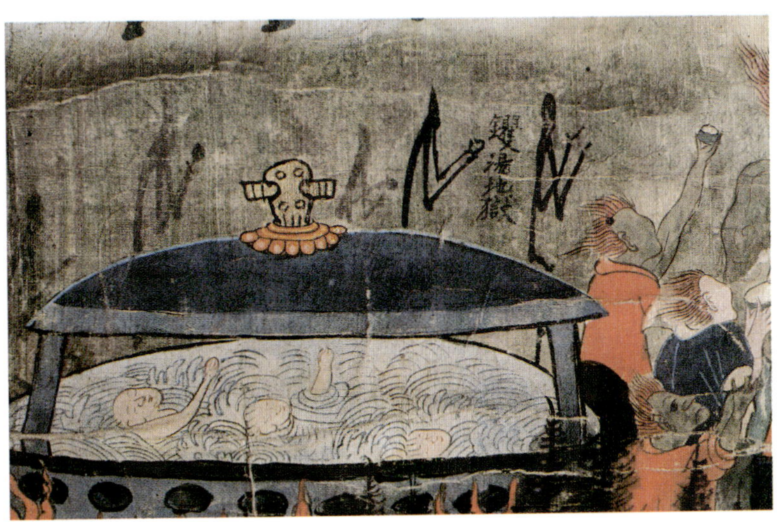

지옥도   위는 오랫동안 병에 시달리며 고통을 당하는 지옥의 장면이고, 아래는 뜨거운
   물에 넣어 당하는 고통의 지옥인 확탕지옥의 한 장면이다.

칠성탱화(七星幀畵)

오늘날 여러 사원에 전해 오고 있는 중단의 104위 신중탱화에 칠성이 포함되어 있을 뿐 아니라, 신중 신앙 의례의 한 형태인 신중청(神衆請) 때도 여러 신중들과 함께 칠성을 청하고 있다. 이런 점으로 보아 인도의 여러 토속신들이 불교에 수용되어 불법 수호신으로서의 역할을 담당하고 있는 것처럼 원래 중국의 토속신이었던 칠성도 불교가 전래되면서 불교의 호법선신으로 수용되었음을 알 수 있다.

그러나 이와 같은 여러 호법신중들은 시간이 흐름에 따라 원래 그 신의 신앙적 기능이 다시 강조되어 불교의 신앙 체계 안에서 독립된 신앙 형태를 이루게 됨으로써 신중탱화에서 독립 분화되어 별개의 탱화를 형성하게 된 것이다.

칠성 신앙 역시 예외는 아니어서 호법선신으로서 신중 신앙의 일부였던 칠성 신앙이 독립된 신앙 형태를 형성하게 되었으며 이와 같이 독립된 칠성 신앙을 도설화한 것을 칠성탱화라고 한다.

칠성 신앙이 언제부터 한국 불교의 한 신앙 형태로서 수용되었는지는 분명하지 않다. 그러나 「고려장경(高麗藏經)」속에 칠성 관계의 경전이 약간 포함되어 있는 것으로 보아 고려시대에는 이미 칠성 신앙이 유행하고 있었을 것으로 짐작할 수 있다. 현전하는 칠성탱화로는 쌍계사 국사암, 송광사, 선암사, 해인사의 칠성탱화 등이 대표적이다.

이러한 칠성탱화에 도설되어 있는 내용을 칠성 신앙의 한 형태인 칠성청(七星請) 가운데의 거불(擧佛), 유치(由致), 봉헌 증명(奉獻證明) 등을 통해 살펴볼 수 있다. 본래 북두(北斗)의 칠성이던 것이 금륜보계치성광여래불(金輪寶界熾盛光如來佛)을 중심으로 일광과 월광의 양대 보살의 협시와 주변에 일곱 종류의 여래불이 도설되어 있다. 곧 칠성 신앙은 7여래의 화현(化現)으로서의 북두칠성에 대한 신앙이 아니면 7여래의 증명(證明)을 거친 칠성 신앙이다. 이는 곧 칠성 신앙이 불교와 습합되었음을 보여 주는 것이라 하겠는데 그 습합되는 모습을 살펴보면 "치성광여래:자미대제통성군, 운의통증여래불:북두제1탐랑성군, 광음자재여래불:북두제2거문성군, 금색성취여래불:북두제3녹존성군, 최승길상여래불:북두제4문곡성군, 광달지변여래불:북두제5겸진성군, 법해유희여래불:북두제6무곡성군, 약사유리광여래불:북두제7파군성군, 좌보처일광보살:좌보필성, 우보처월광보살:우보필성"의 화현으로 연관지을 수 있으며, 이는 곧 칠성이 중국 도교(道教) 신앙의 일단이었다는 점에서 도교와 불교와의 습합 현상임을 알 수 있다. 더 나아가서는 불교가 중국으로 전래되면서 중국에서 신앙되던 도교와 융합하려는 노력의 일부분을 보여 주는 것이라고도 하겠다.

이러한 신앙 내용을 도설한 것이 칠성탱화인데, 그 신앙 내용을 한 폭에 모두 도설하기보다는 대체로 몇 가지의 유형으로 간략화하여 도설하고 있다.

전해 오는 칠성탱화는 대체로 다섯 가지 유형으로 나누어 볼 수 있다.

제1형　7여래와 7원성군(七元星君)만을 도설한 형. 중앙에 치성광여래와 좌우 보처로서 일광, 월광보살, 상단의 좌우에 7여래, 하단 좌우에 7원성군을 도설하는 구도.

123쪽 사진

제2형　제1형에 3대 6성 28숙(三台六星二十八宿)을 도설하는 구도.

제3형　제2형에 좌우 보필성(補弼星)과 7원성군의 통성(統星)으로 자미대제통성군을 도설화한 형.

제4형　제3형의 구도에 신불 습합(神佛翟合) 관계의 칠성이 아닌 원래의 칠성의 모습을 제일 아래 단에 도설하는 형.

제5형　앞의 네 가지 유형과는 다른 구도이다. 전자가 칠성 신앙에 관계되는 군상(群像)을 한 면에 도설화한 것이라면 후자는 7여래와 칠성을 각각 별화(別畵)로 도설하는 형.

여기에서 알 수 있는 것은 축소형이기는 하지만 7여래와 칠성이 한 면에 도설되는 칠성탱화는 다시 분화되어 칠성 각 탱화를 도설하고 있음을 알 수 있다. 이는 각 칠성에 대한 신앙적인 기능이 분화된 것임을 의미한다고 할 수 있다.

이와 같은 칠성탱화의 특징은 칠성의 모습과 여래의 상호(相好)를 대비시켜 불교적인 감각을 묘사한 점이다.

이러한 칠성탱화는 불전의 중단에 모셔지든지 아니면 하나의 전각을 마련하여 따로 모셔지는데 탱화가 독립되어 모셔진 전각을 칠성각이라고 한다.

칠성도　일반적인 칠성도와 구도를 달리하여 칠성계(七星界)의 제성중을 성문의 모습으로 표현하였는데 3단으로 배치하였다.

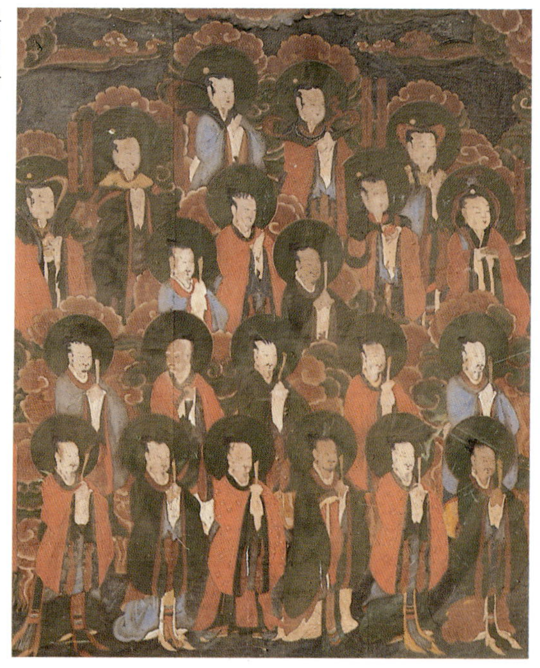

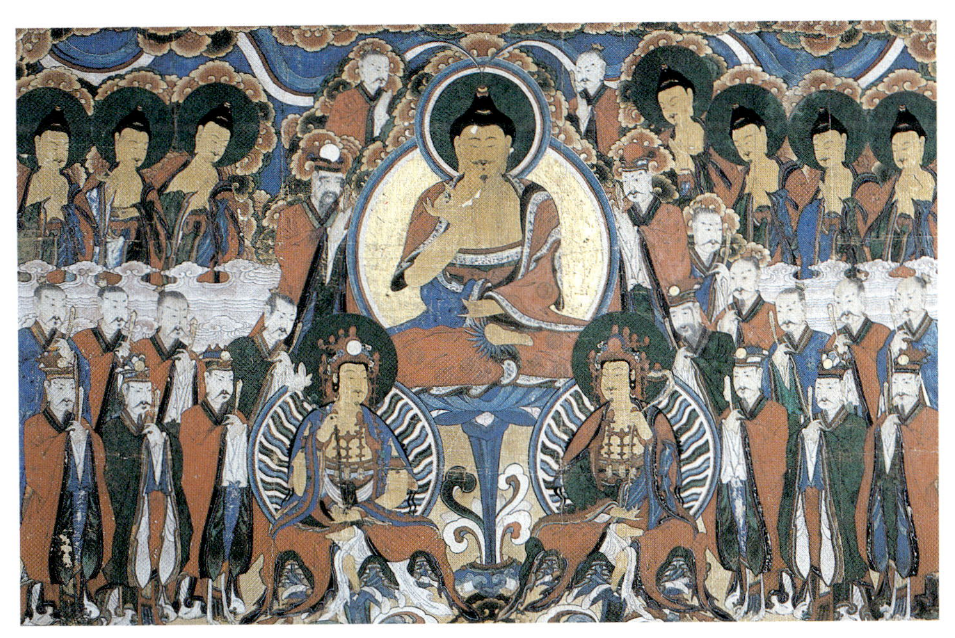

칠성도 중앙에 치성광여래와 그 협시로서의 일광보살과 월광보살, 위에는 7여래, 아래
에는 도교적 의미의 7원성군을 배열하였다.(위)

칠여래도 칠성을 7여래의 모습으로 한 화폭에 한 분씩 표현한 것으로 1여래, 좌보
(左補), 우필(右弼)의 양위를 표현한 것이다.(뒤 왼쪽, 오른쪽)

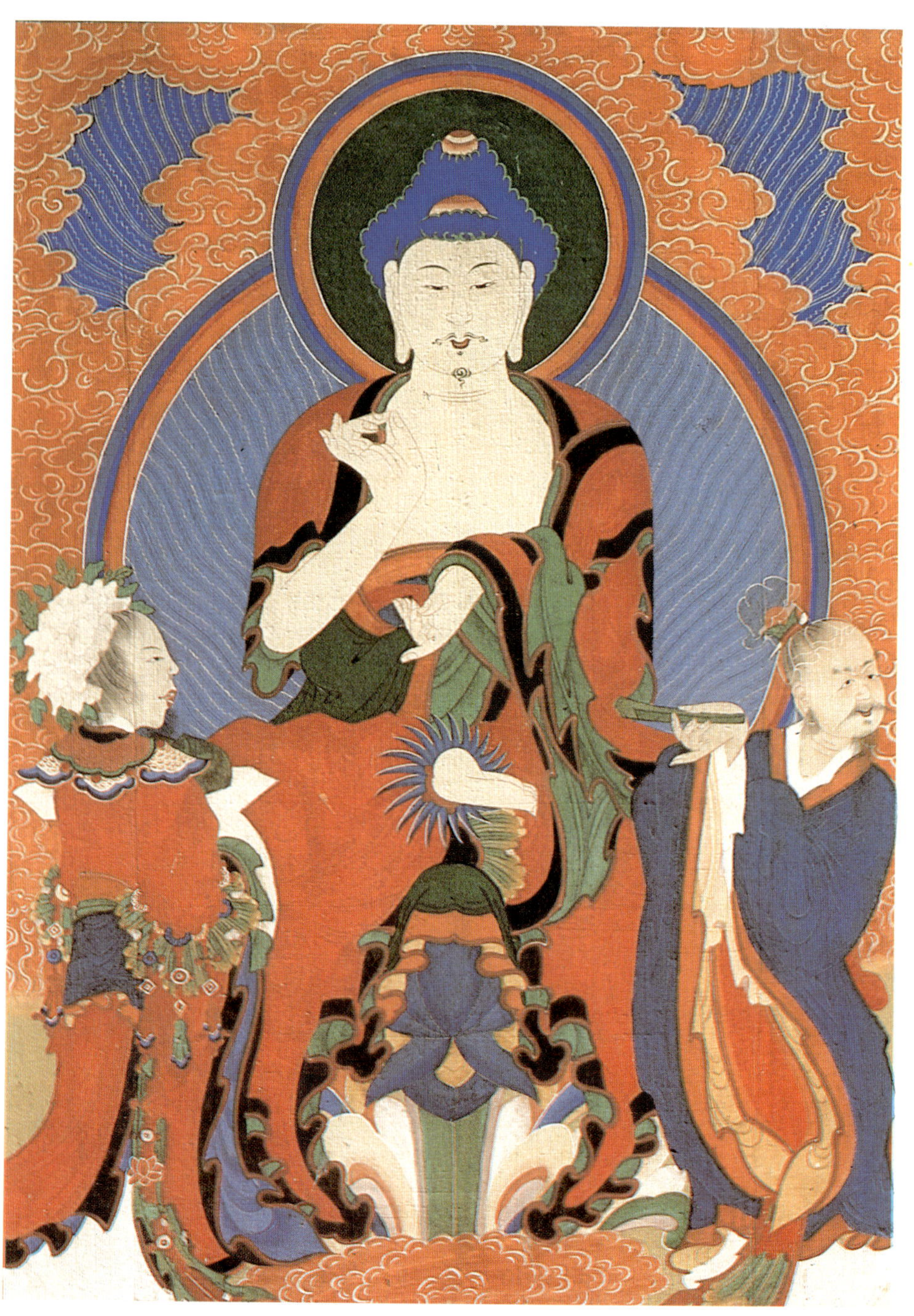

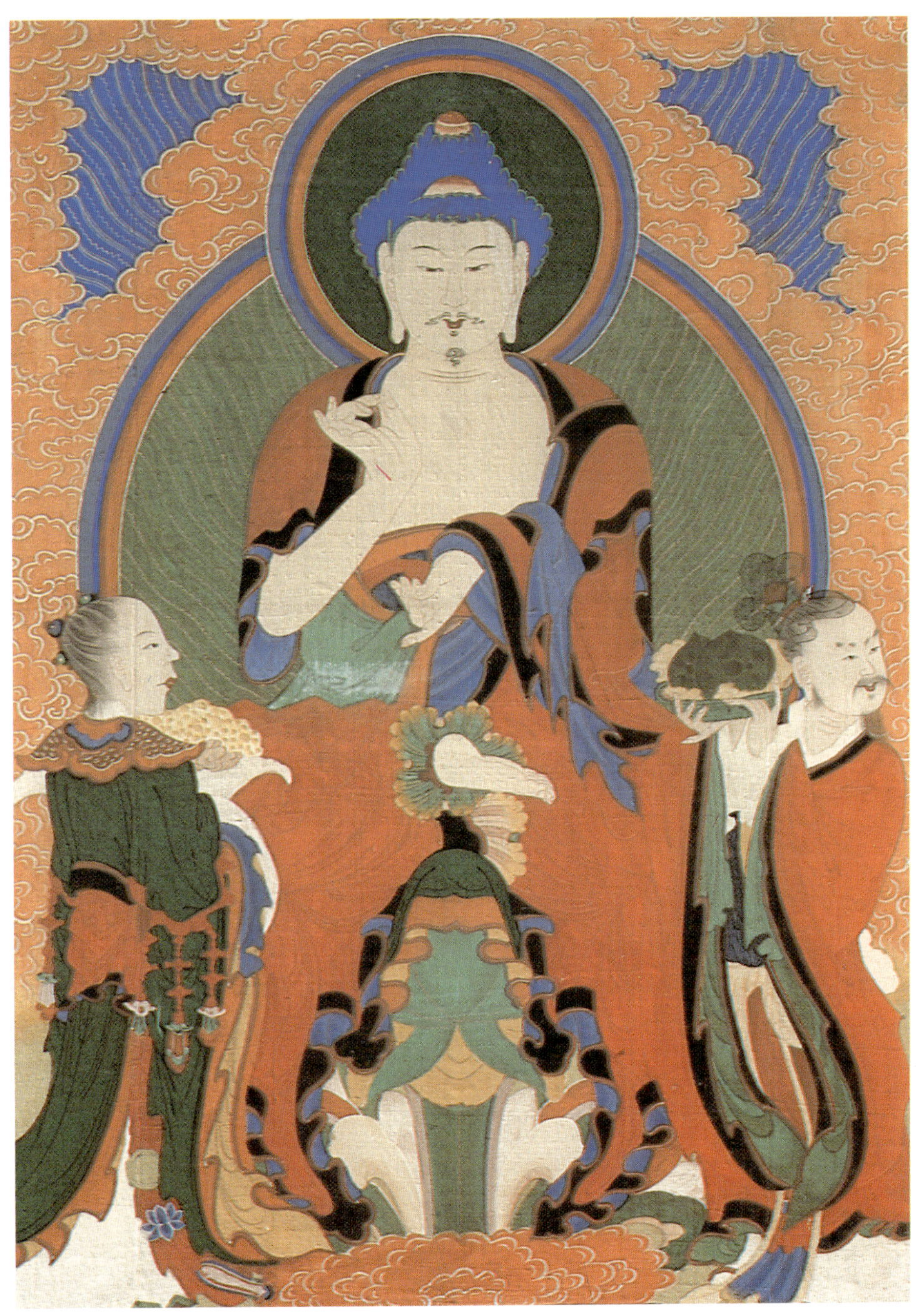

지장탱화(地藏幀畫)

불전의 오른쪽이나 왼쪽 혹은 명부전에 봉안되는 지장탱화는 원래 104위 신중탱화의 일부분이던 것이 그 본래적 성격이 강조되면서 독립 분화되어 이루어진 지장 신앙이 도설된 것이다.

특히 지장탱화는 명부 중생의 구제라는 신앙적 특징으로 명부 시왕 신앙을 도설한 시왕탱화와 같이 봉안되기도 한다. 명부전에는 지장보살상을 주불로 하여 그 좌우 보처로 도명존자와 무독귀왕을 봉안하며 그 좌우에 명부의 시왕을 봉안한다. 이 때 지장보살상 뒤에 모시는 탱화가 지장탱화이며, 각 시왕 뒤의 탱화가 시왕탱화이다.

128, 129쪽 사진

지장탱화의 도설 내용을 살펴보면 대개 중앙의 지장보살상을 중심으로 좌보처인 도명존자, 우보처인 무독귀왕을 도설하고 사방에 사천왕상을 배열하고 지장보살상의 두광 좌우에는 시왕상을, 그 상방 좌우에 명부 판관상, 사자상, 장군상, 졸리상을 그렸다. 어떤 경우에는 보살상 좌대(座台) 아래쪽에 동자상을 도설하기도 한다.

지장탱화에서 특이한 점은, 다른 보살들과는 달리 지장보살은 비구(比丘) 형상으로 삭발을 하고 있다는 점이다. 이는 아마도 지장 보살의 중생 구제의 서원과도 밀접한 관계가 있을 것이다.

이와 같이 지장탱화에 시왕상이 도설되는 등 시왕탱화와 거의 유사한 내용이어서 이 두 탱화를 뚜렷이 구별하기가 어렵다. 다만 시왕 신앙이 중심이 되었을 때는 시왕탱화라 할 수 있고, 지장 신앙이 중심이 되었을 때는 지장탱화라 할 수 있다. 더욱이 지장보살이 지옥 중생을 구제하겠다고 서원한 까닭에 명부계의 신앙을 도설하는 시왕탱화와는 밀접한 관련이 있음을 알 수 있다.

현재 전해지고 있는 지장탱화의 대표적인 작품으로는 전등사 명부전의 지장후불탱화(地藏後佛幀畫)와 신륵사 대웅전과 명부전의 탱화 등이 있다.

　　이러한 지장탱화는 중단 신중의 하나였던 지장보살에 대한 신앙
이 강조됨에 따라 독립 분화되어 독립 신앙을 이루면서 그 신앙
내용을 도설화한 것이다. 지장 신앙은 지옥 중생을 구제하겠다는
지장보살의 서원에 따라 다른 불교의 신앙 못지않게 성행하였음을
알 수 있으며, 더 나아가서는 하단 신앙과의 관련 아래 성행하게
되자 하단탱화인 감로탱화에도 그 일부가 도설되고 있는 것으로도
지장 신앙이 얼마나 성행했는지 알 수 있다.

지장회상도　현대에 그려진 지장회상도이다. 지장보살을 중앙에, 좌우에는 도명존자와
　무독귀왕, 명부 시왕과 판관, 녹사 등의 권속을 표현하였다.

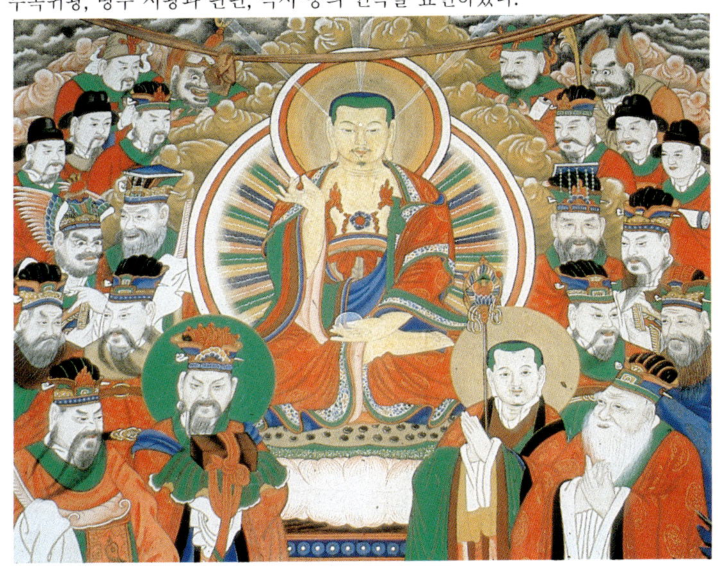

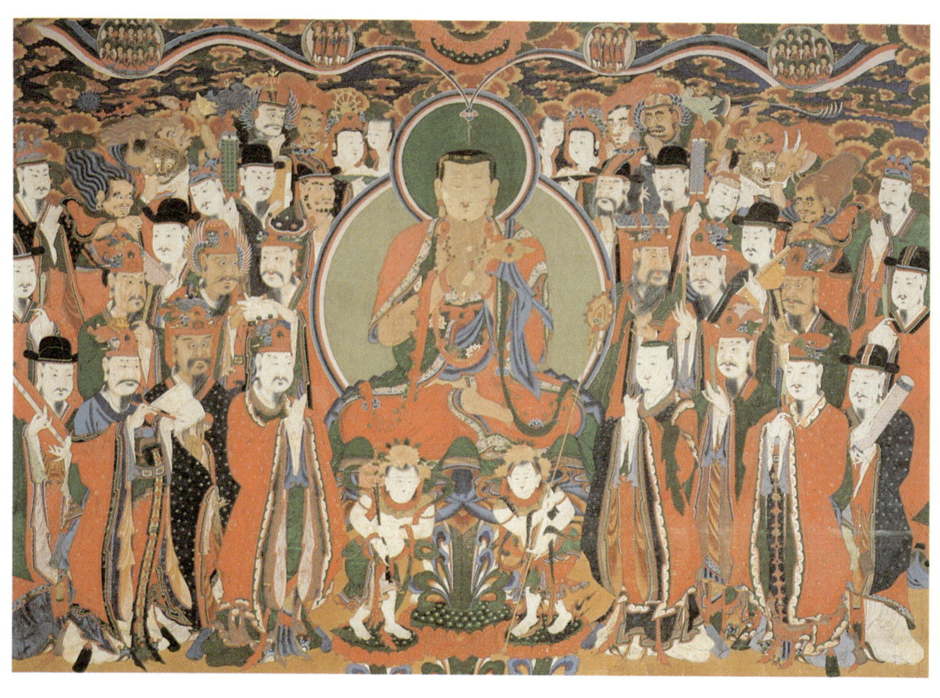

지장회상도 중앙의 지장보살은 결가부좌하였고, 대좌 앞에 이부동자가 표현되었다.
도명존자, 무독귀왕, 시왕과 판관, 녹사 등 여러 권속이 표현되었을 뿐만 아니라 화면
맨 위에 화불을 표현하여서 무량의 공덕을 나타냈다.

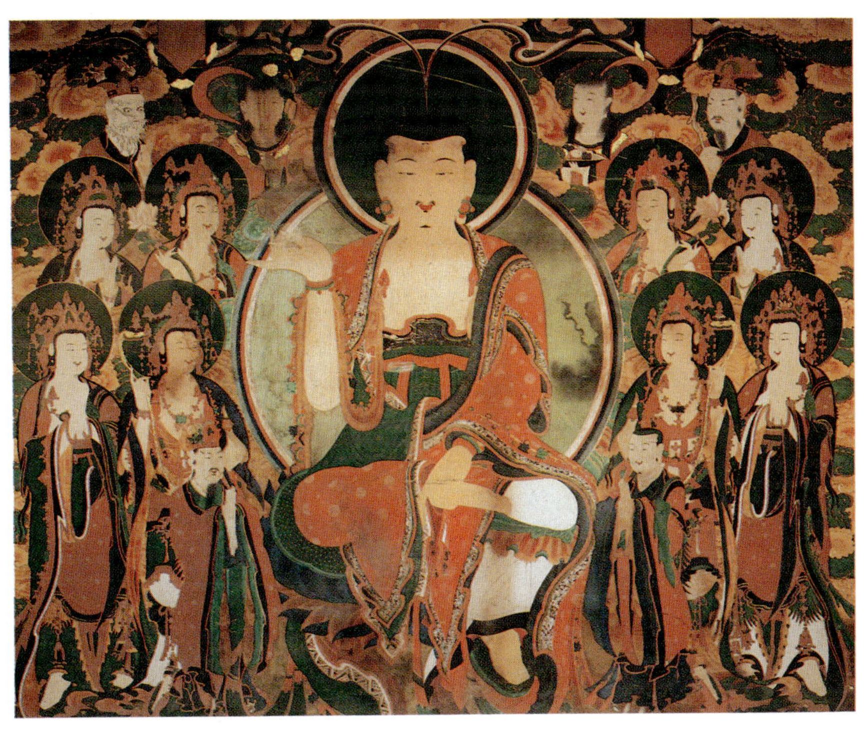

지장회상도 일반적인 지장보살도와는 매우 다른 구도의 그림이다. 중앙에 지장보살, 좌우에 협시로서의 도명존자와 무독귀왕을 배치하였으나 본존인 지장보살의 권속으로 시왕을 묘사하지 않았다. 대신에 좌우에 8대보살을 묘사하고 화면의 상단에 명부의 이부동자와 시왕 2위를 배치한 특이한 그림이다.

그림으로서의 불화

불화는 감상 대상으로서의 그림이 아니라 신앙 생활과 관계되는 실용화(實用畵)이다. 따라서 불화의 첫째 특징은 신앙의 대상이나 교화적 의미를 갖는 내용을 도설화한 것이다.

그리하여 이것은 신앙의 대상을 인격화하여 도설한 존상화(尊像畵)가 대종을 이룬다. 관경변상도(觀經變相圖) 같은 것은 정토(淨土)의 광경과 그에 왕생한 왕생인의 모습을 도설한 것이나 정토의 광경을 도설함에서 정토의 궁전, 연못, 보수(寶樹) 등을 묘사하고 있기는 하지만 오히려 성중을 더 비중있게 묘사하고 있어 불화에서 존상화로서의 위치가 간과할 수 없는 것임을 알게 한다.

둘째로 불화는 원근법(遠近法)을 쓰지 않고 있다는 특징을 지닌다. 그것은 불화의 세계가 시공(時空)을 초월한 세계임을 나타내고 있는 것이라고 하겠다.

셋째로 불화는 5색의 향연이란 특징을 지닌다. 곧 청(靑), 황(黃), 적(赤), 백(白), 흑(黑)의 5색을 어떻게 조화하느냐에 따라 상징성을 나타낼 수 있게 된다고 함이 그것이다.

넷째로 자연주의적 사실적 경향을 지닌 그림이 많다.

　여기에서 국한하고 있는 한국의 탱화(幀畫)라는 입장에서 보면, 넓은 의미의 불화는 추상성이 강한 선화(禪畫)와 상징성이 강한 본격적인 밀교화(密敎畫)로서의 만다라 등을 포함한다. 곧 극락정토를 표현함에서 극락의 궁전, 연못, 수림 등을 묘사함이 그러하고, 존상화에서 각 존상의 묘사가 그러하기 때문이다. 예컨대 관음상 등에서 보듯이 입체감을 내어 풍만한 육체에는 관능적 효과가 뚜렷이 나타나고 있는 것이다. 이같은 경향을 시대별로 구분해 보면 고려시대 불화는 공간을 충분히 즐기면서 입체감을 살려 나가는 화법을 쓰고 있음에 반하여 조선시대의 것들은 공간을 모두 메우고 도식화의 경향을 나타내고 있음을 알 수 있다.

빛깔있는 책들 103-11

불화

글	—홍윤식
사진	—홍윤식, 윤열수

발행인	—장세우
발행처	—주식회사 대원사

편집	—황병욱
총무	—김인태, 정문철, 김영원

초판 1쇄 —1989년 11월 30일 발행
초판 10쇄 —2010년 5월 20일 발행

주식회사 대원사
우편번호/140-901
서울 용산구 후암동 358-17
전화번호/(02) 757-6717~9
팩시밀리/(02) 775-8043
등록번호/제 3-191호
http://www.daewonsa.co.kr

값 13,000원

© Daewonsa Publishing Co., Ltd.
Printed in Korea(1989)

ISBN 89-369-0050-1 00220
ISBN 89-369-0000-5(세트)

빛깔있는 책들

민속(분류번호:101)

고미술(분류번호 : 102)

불교 문화(분류번호:103)

음식 일반(분류번호:201)